SÓLO ES UN PIROPO

Un libro sobre el acoso

Historias
gráficas

CONTENIDO

UNO
4

"Tenía 15 años".

DOS
10

"No volví a salir en semanas".

TRES
13

"No hay palabras que alcancen a expresar los sentimientos de traición, culpa y odio a mí misma".

CUATRO
19

"Todavía me pregunto cómo llegué a ese punto a partir del refresco y la pizza".

CINCO
23

"Jamás tuve que decirle a tantos desconocidos que no me tocaran como cuando estuve en Times Square".

SEIS
27

"En la parada de autobús".

SIETE
30

"Estaba aterrada y por miedo a que me regañaran hice todas esas cosas que no entendía por ser muy pequeña".

OCHO
34

"Tal vez soy demasiado confiado".

NUEVE
39

"Jamás lo volví a ver".

DIEZ
45

"Ni me imagino lo que habría sucedido si las cosas no hubieran estado a mi favor esa noche".

ONCE 49

"Es imposible olvidar una cosa como ésa. Permanece y te mata lentamente, hasta que aprendes a seguir adelante".

DOCE 56

"Un pajarito me contó que el chico grande no veía nada malo en lo que hizo".

TRECE 61

"No es fácil describir lo que pasó. Tal vez sea mejor explicar lo que sentí: repugnancia".

CATORCE 64

"Iban detrás de mí canturreando 'gruñona, gruñona, gruñona…'".

QUINCE 69

"No sé qué edad tendría, pero aún no llegaba a la adolescencia".

DIECISÉIS 72

"Me quedé sin palabras con una mezcla de rabia y perturbación".

DIECISIETE 76

"Espero que me haya entendido".

DIECIOCHO 81

"Escogí un escritorio en el rincón más alejado de la puerta, oculto entre los cubículos, con la esperanza de tener privacidad y de que ella no me encontrara. Pero logró hacerlo".

DIECINUEVE 85

"Una cosa es que te hostiguen tipos en la calle, esto era diferente".

VEINTE 88

"Permanecí un largo rato tendido en el suelo junto a mi cama, aturdido".

UNO

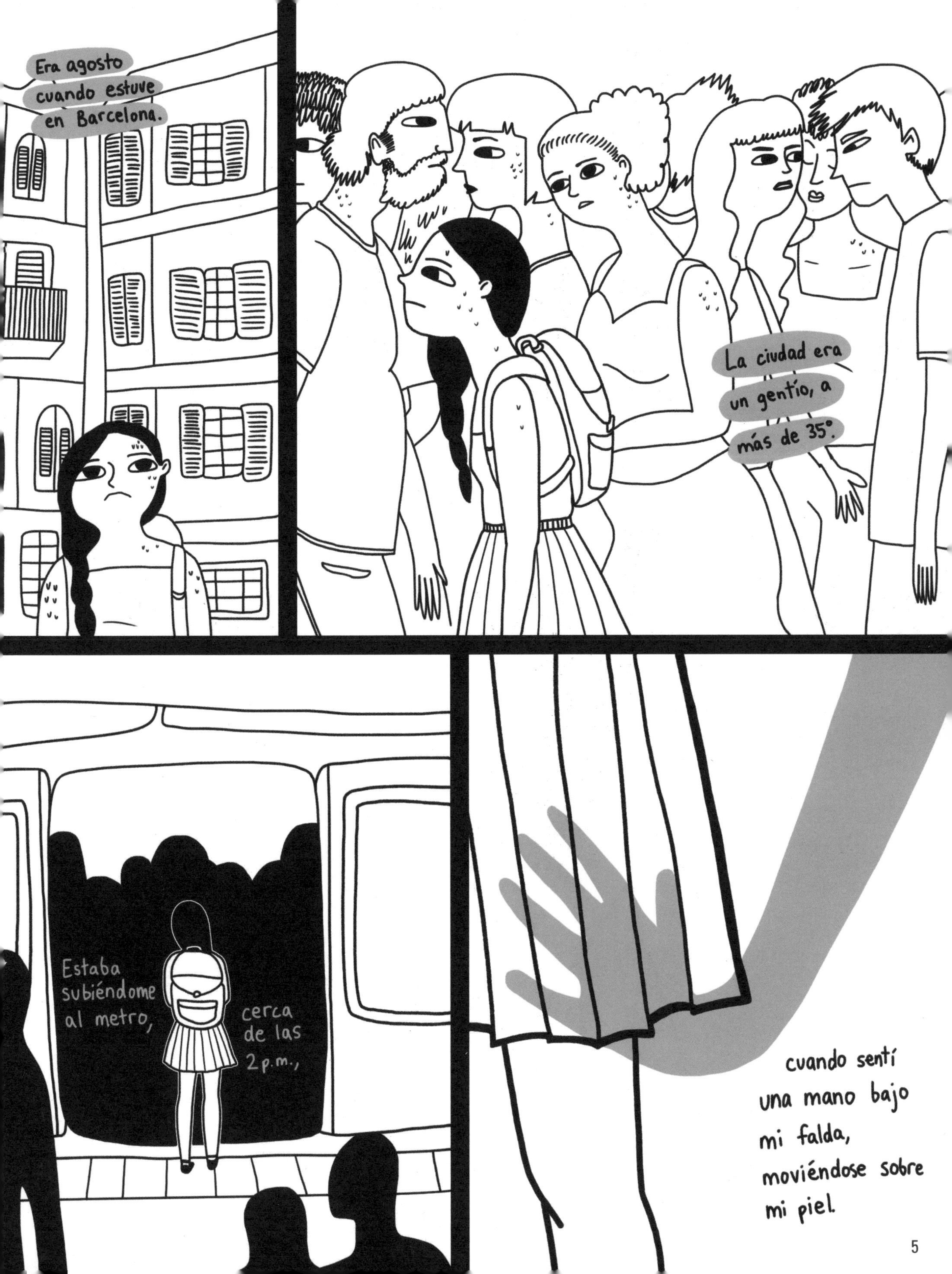
Era agosto cuando estuve en Barcelona.
La ciudad era un gentío, a más de 35°.
Estaba subiéndome al metro,
cerca de las 2 p.m.,
cuando sentí una mano bajo mi falda, moviéndose sobre mi piel.

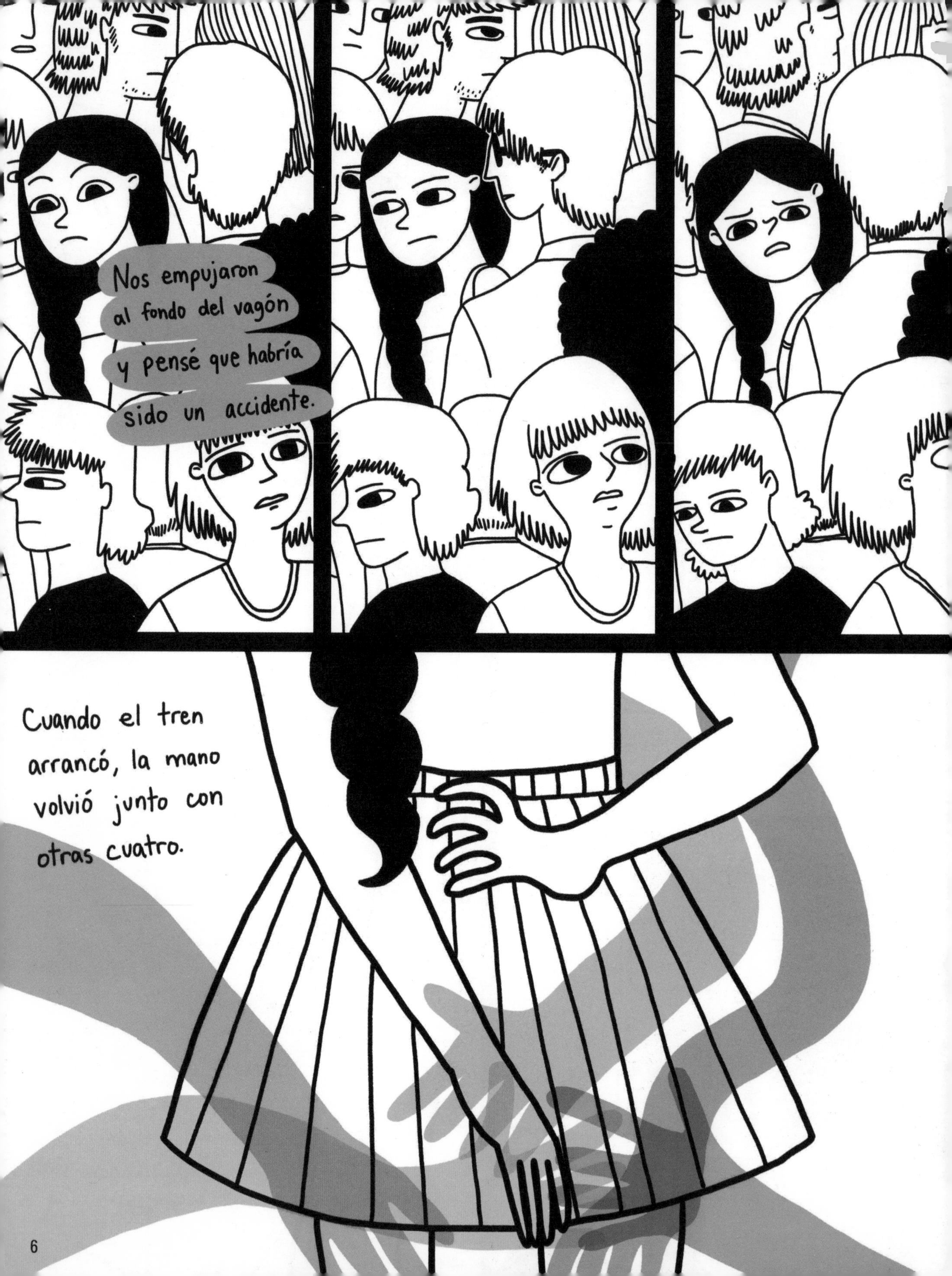
Nos empujaron al fondo del vagón y pensé que habría sido un accidente.
Cuando el tren arrancó, la mano volvió junto con otras cuatro.

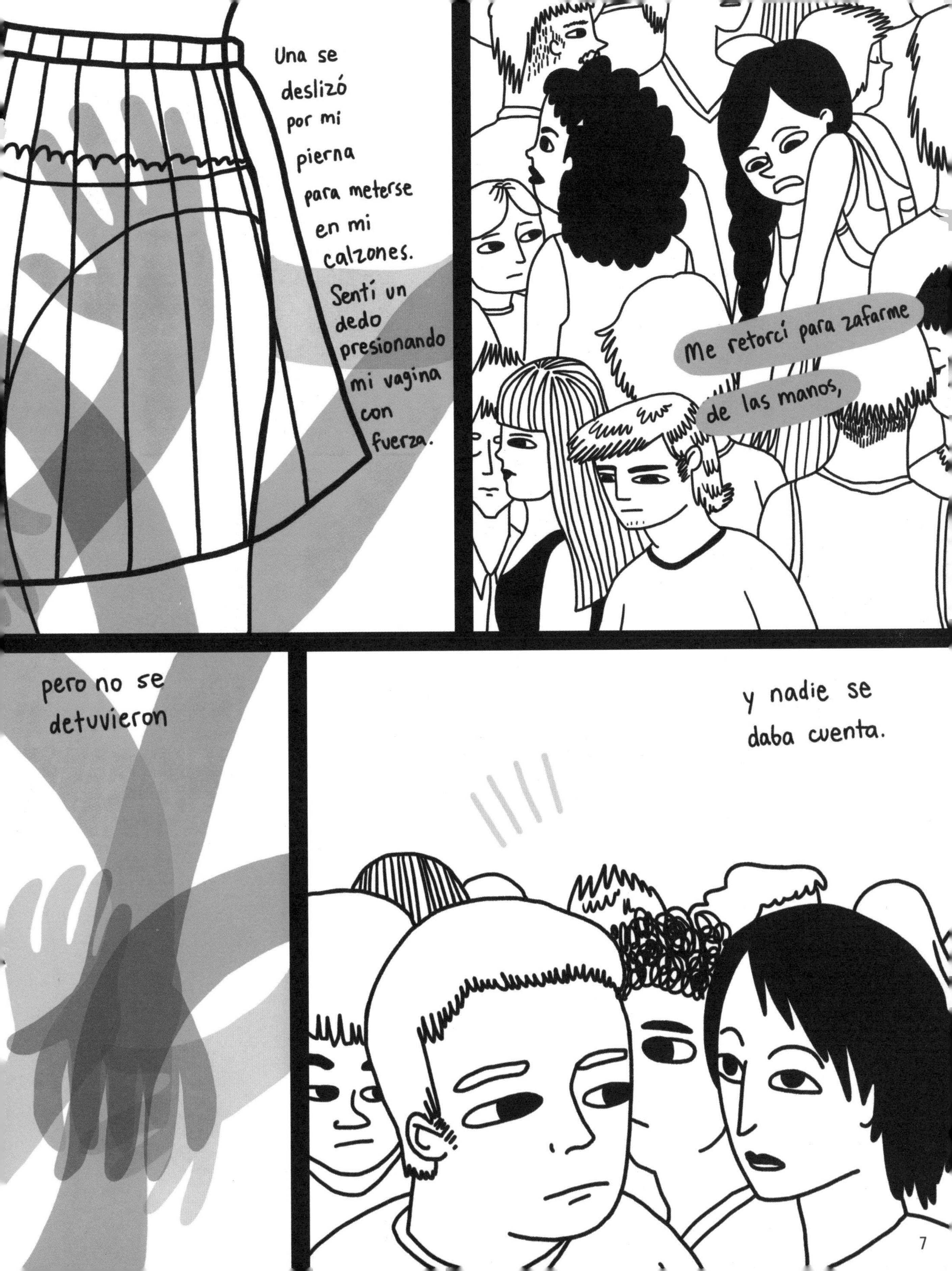
Una se deslizó por mi pierna para meterse en mi calzones.
Sentí un dedo presionando mi vagina con fuerza.
Me retorcí para zafarme
de las manos,
pero no se detuvieron
y nadie se daba cuenta.

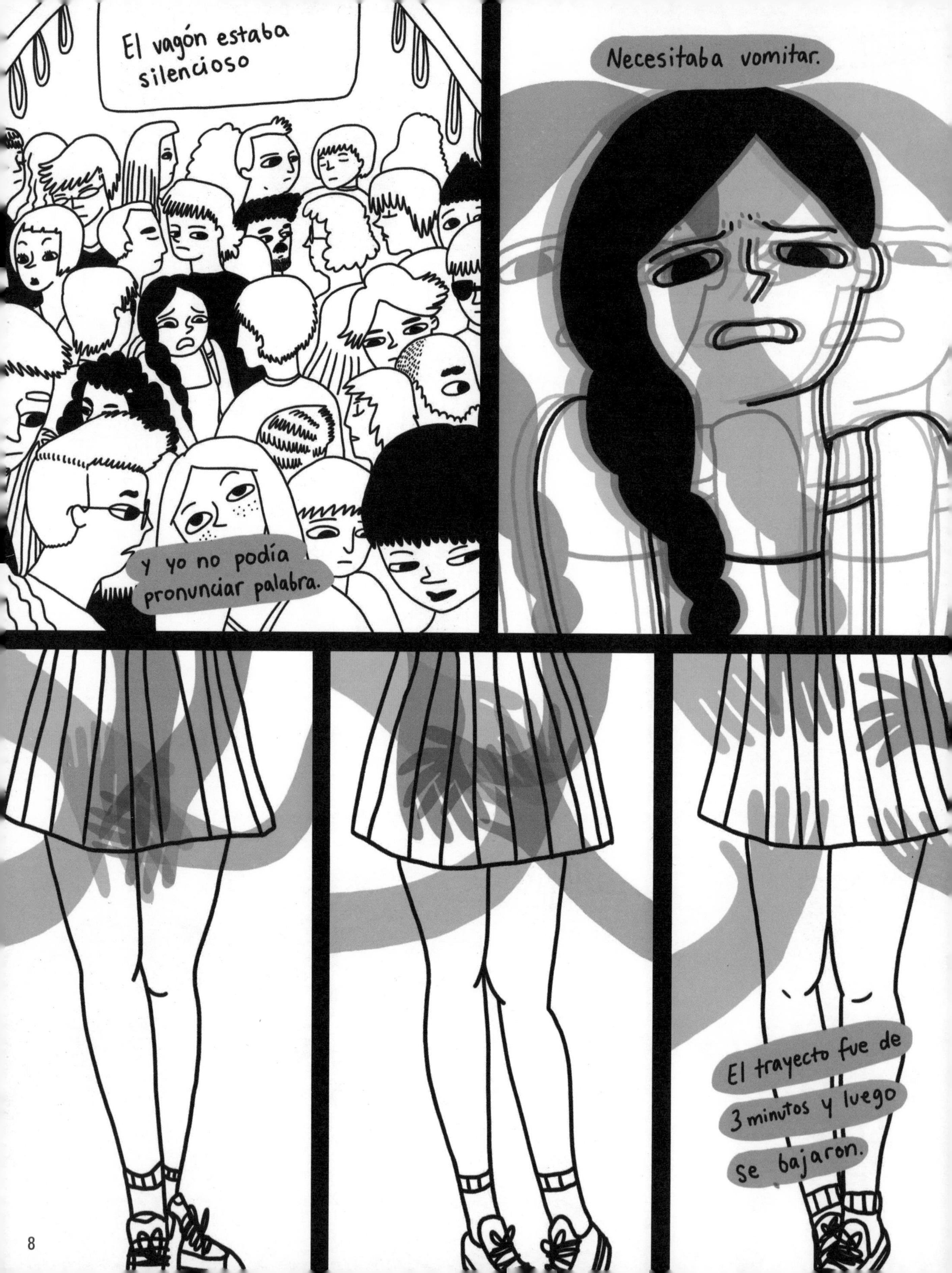
El vagón estaba silencioso
y yo no podía pronunciar palabra.
Necesitaba vomitar.
El trayecto fue de 3 minutos y luego se bajaron.

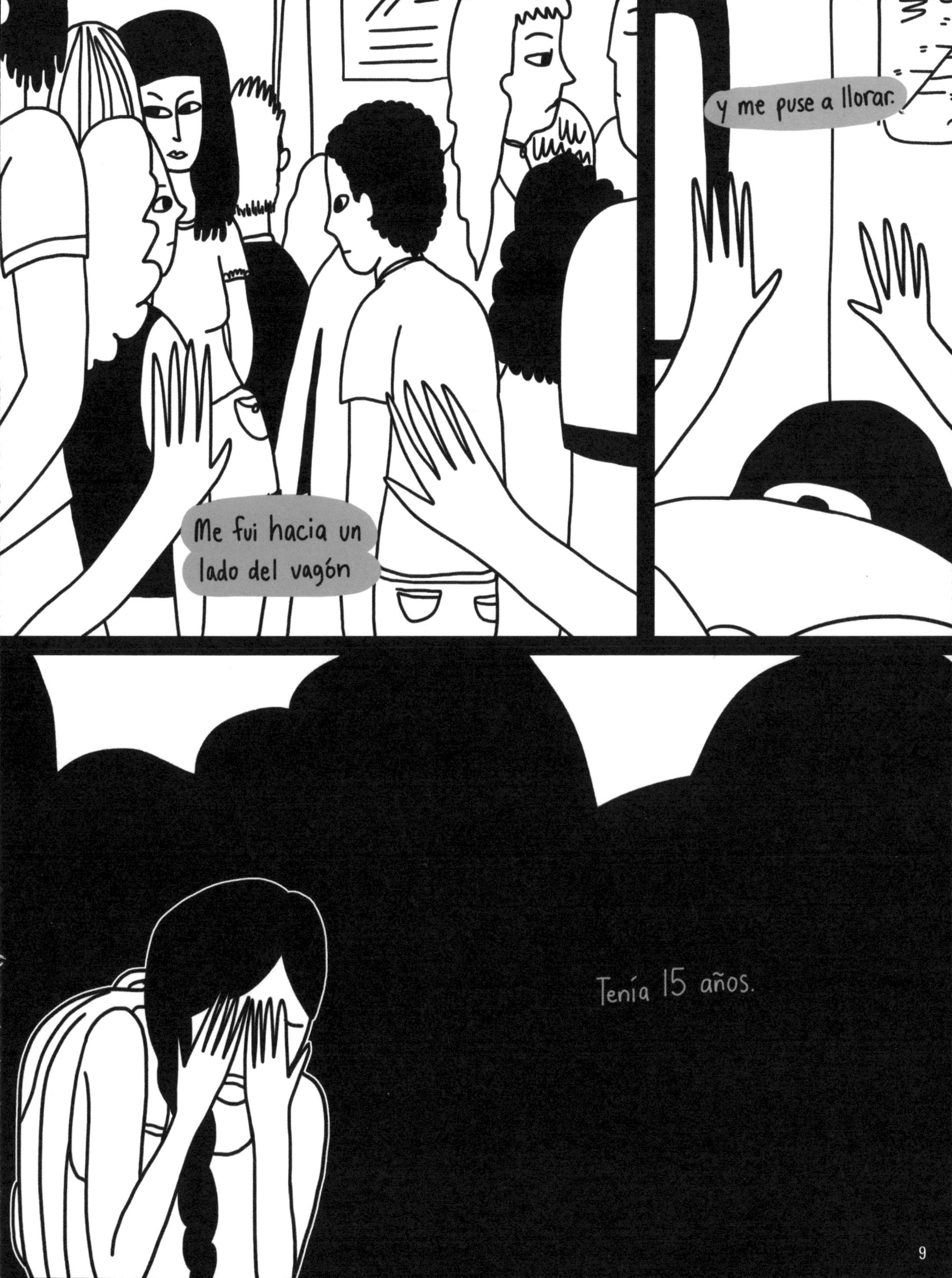
Me fui hacia un lado del vagón
y me puse a llorar.
Tenía 15 años.

DOS

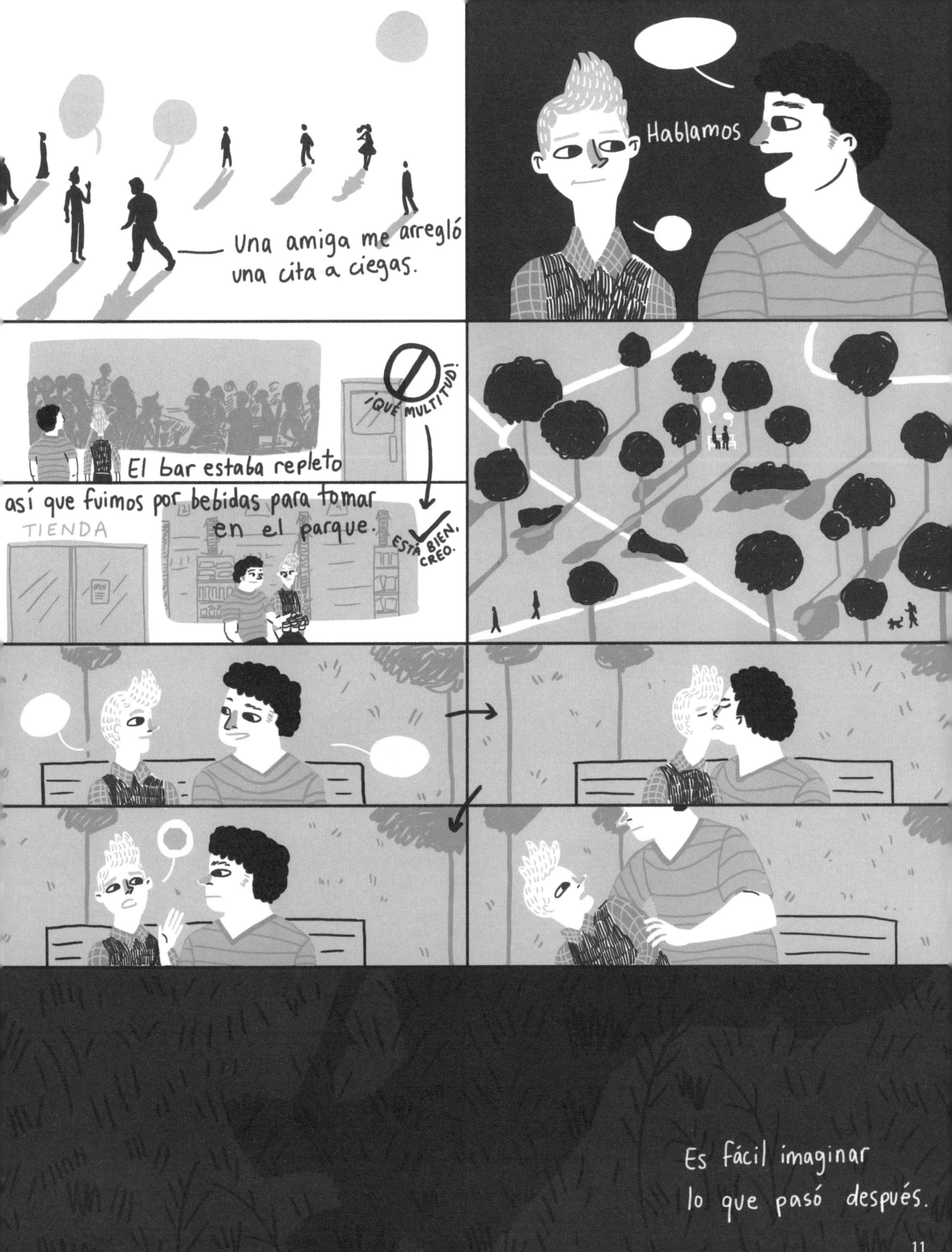

Una amiga me arregló una cita a ciegas.
Hablamos
El bar estaba repleto
¡QUÉ MULTITUD!
así que fuimos por bebidas para tomar en el parque.
TIENDA
ESTÁ BIEN, CREO.
Es fácil imaginar lo que pasó después.

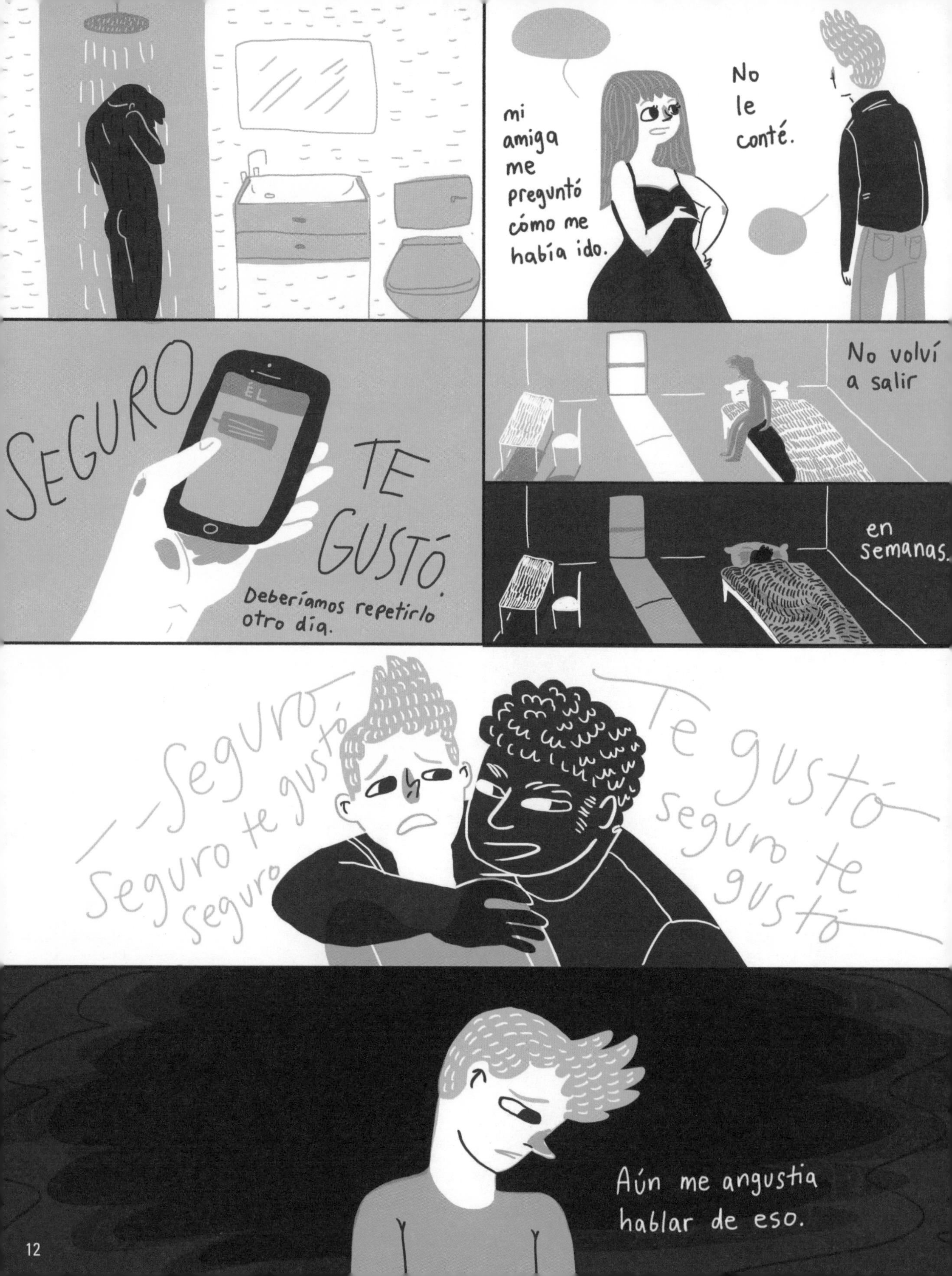
mi amiga me preguntó cómo me había ido.
No le conté.
SEGURO TE GUSTÓ.
ÉL
Deberíamos repetirlo otro día.
No volví a salir
en semanas.
Seguro seguro te gustó
Seguro seguro
Te gustó seguro te gustó
Aún me angustia hablar de eso.

TRES

Mi primera relación
de verdad

se convirtió en abuso.

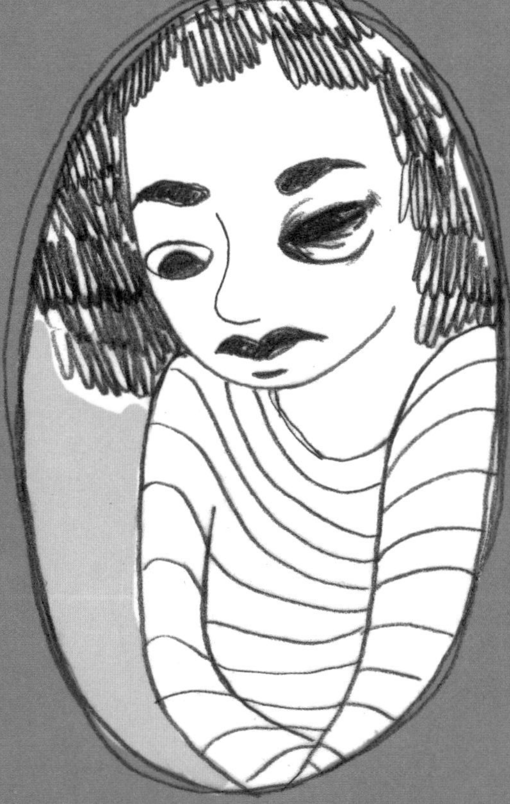

abuso físico,

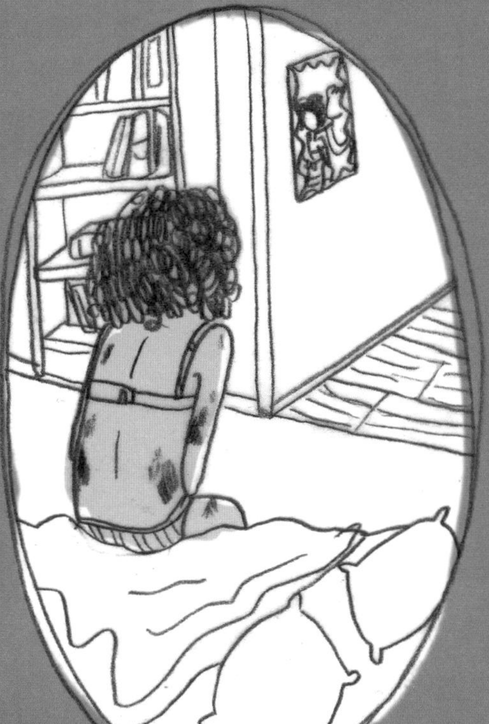

sexual

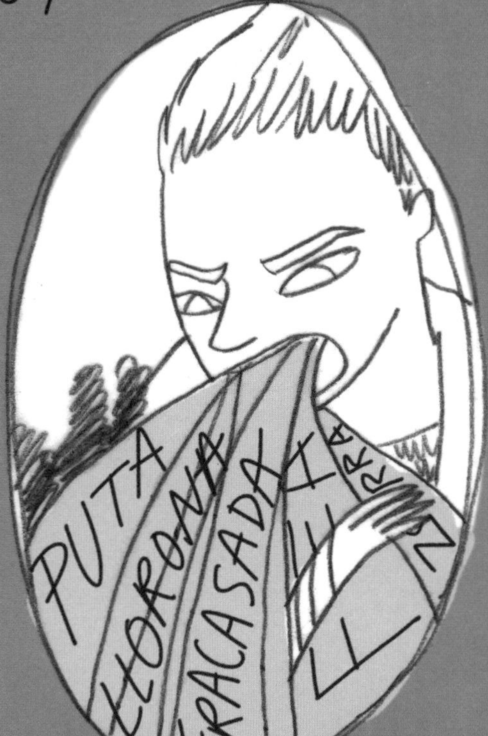
PUTA
LLORONA
FRACASADA

y verbal.

Le confié esto a mi mejor amigo,
que era mucho mayor que yo,

él me dio consejo y
mucho apoyo.

En verano, seis meses después de terminar con la relación abusiva, cumplí 18.

Se suponía que iría a ver los fuegos artificiales con aquel amigo,

pero primero fuimos a cenar a mi casa.

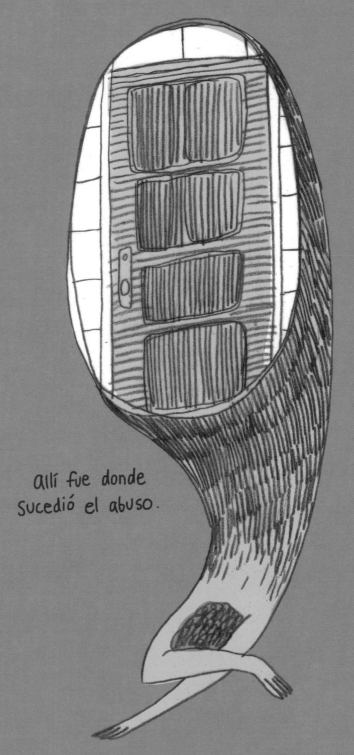

Allí fue donde
sucedió el abuso.

No hay palabras que alcancen a expresar los
sentimientos de traición, culpa y odio a mí misma.

CUATRO

De todas las veces que he terminado en situaciones sexuales vergonzosas, la que me ronda por siempre es una de la cual no recuerdo casi nada.

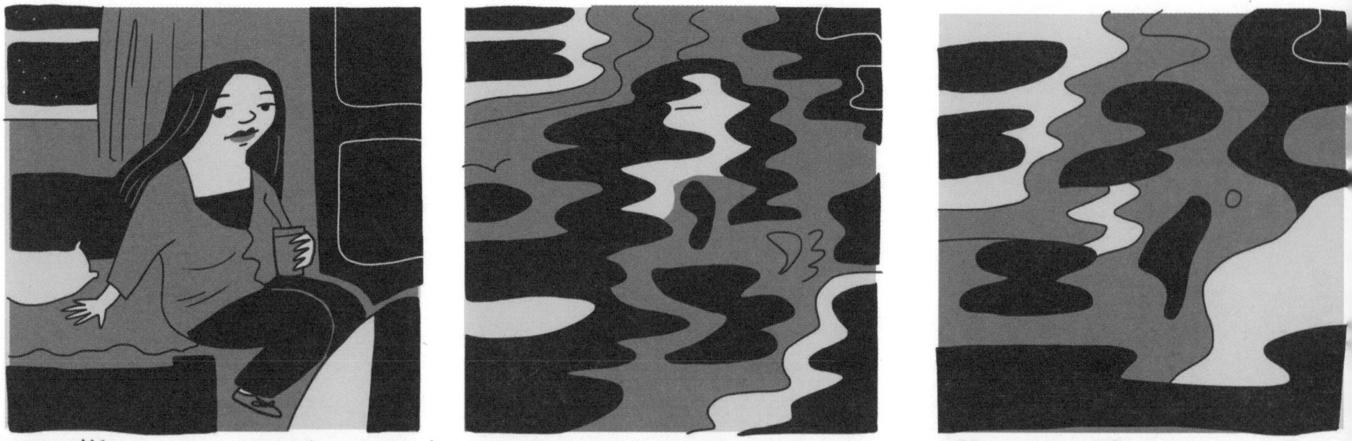

Lo último que recuerdo es estar en la cama de una amiga, tomando vodka con refresco.

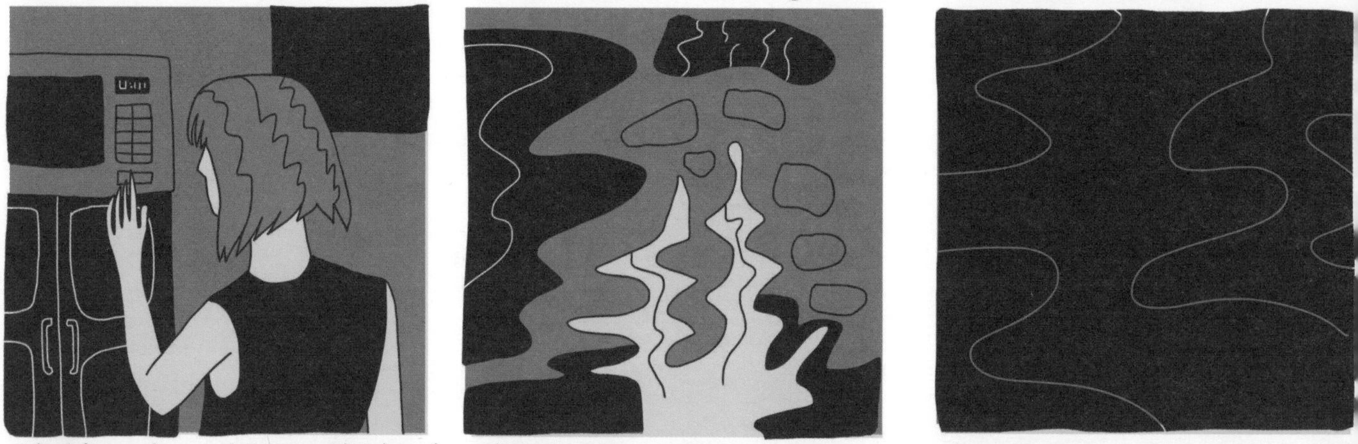

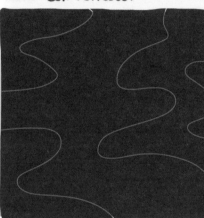

Había otra chica calentando pizza en el microondas.

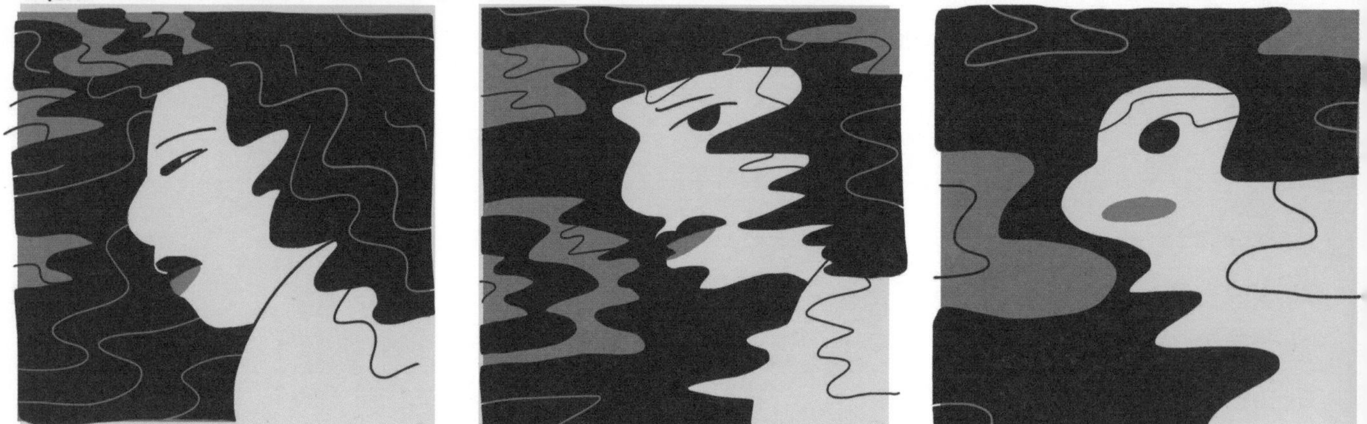

Lo siguiente que recuerdo es despertar en un cuarto a oscuras con un tipo al que apenas le había dirigido la palabra. No diré qué estaba haciendo él. Bastará con decir que yo no lo haré de nuevo.

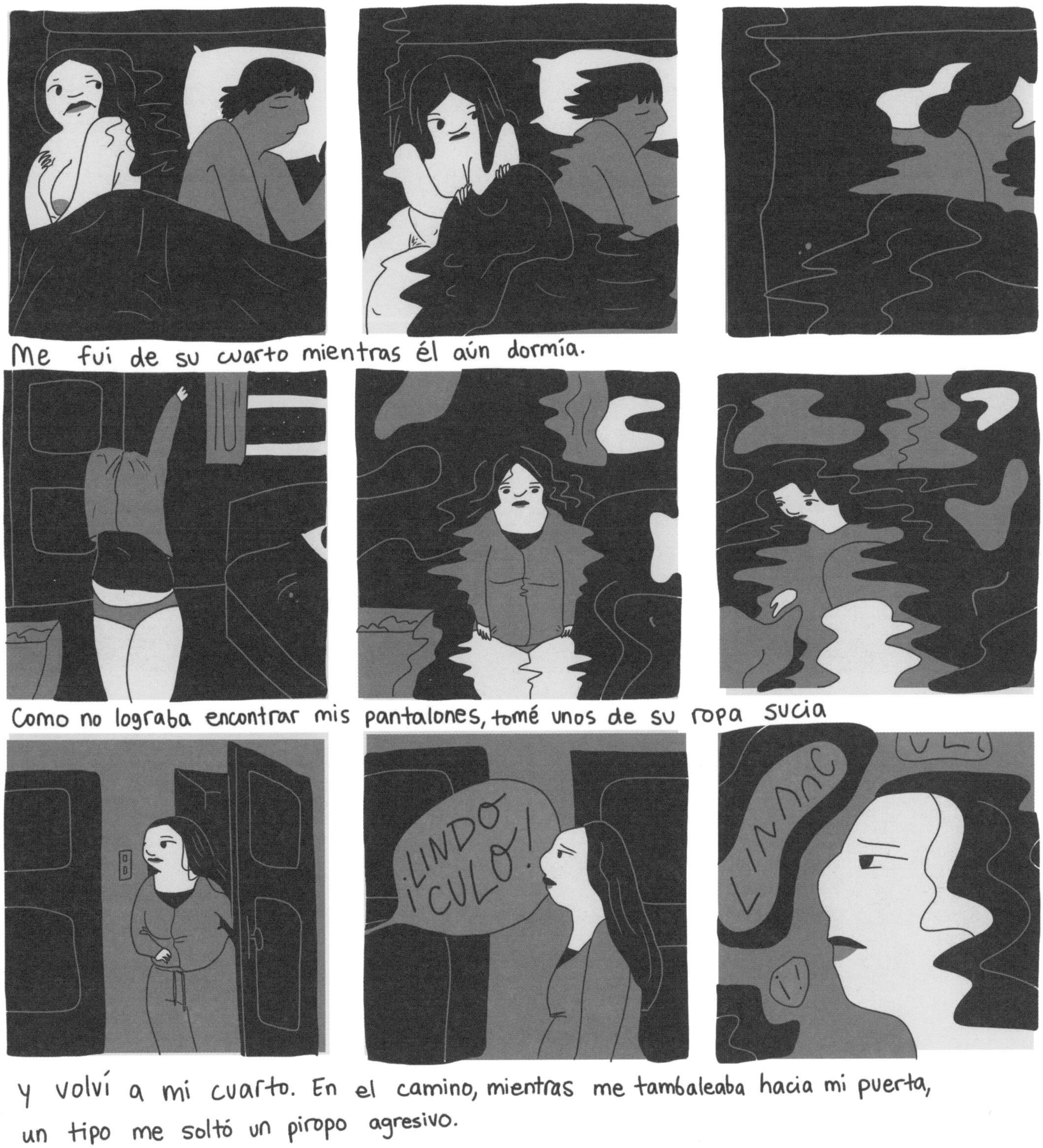
Me fui de su cuarto mientras él aún dormía.
Como no lograba encontrar mis pantalones, tomé unos de su ropa sucia
¡LINDO ¡CULO!
¡!
y volví a mi cuarto. En el camino, mientras me tambaleaba hacia mi puerta, un tipo me soltó un piropo agresivo.

A la mañana siguiente, me levanté a lavar sus pantalones...

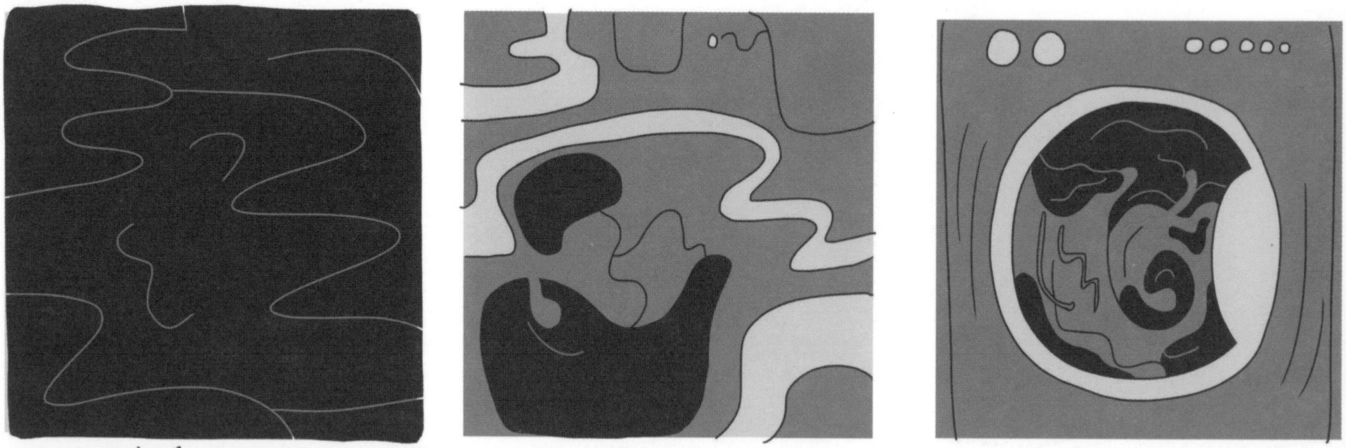

encontré sangre en ellos.

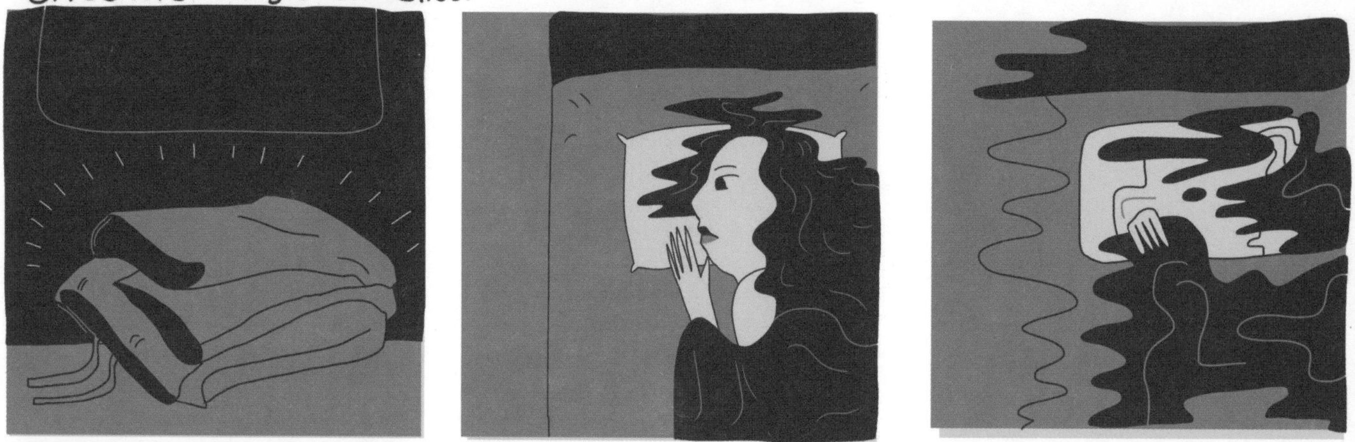

Los dejé ante su puerta para no parecer pesada.

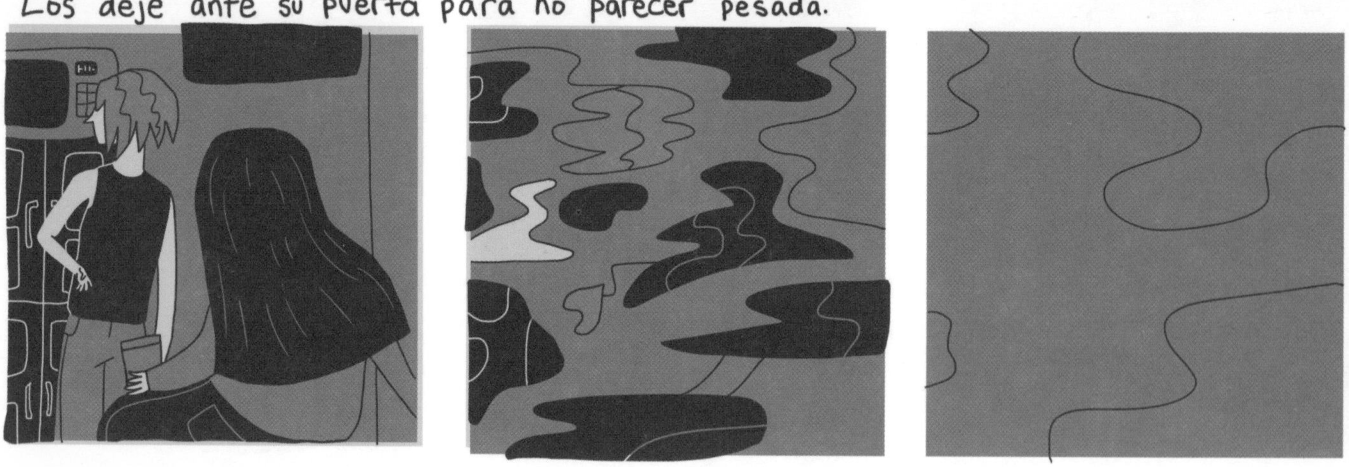

Todavía me pregunto cómo llegué a ese punto a partir del refresco y la pizza.

CINCO

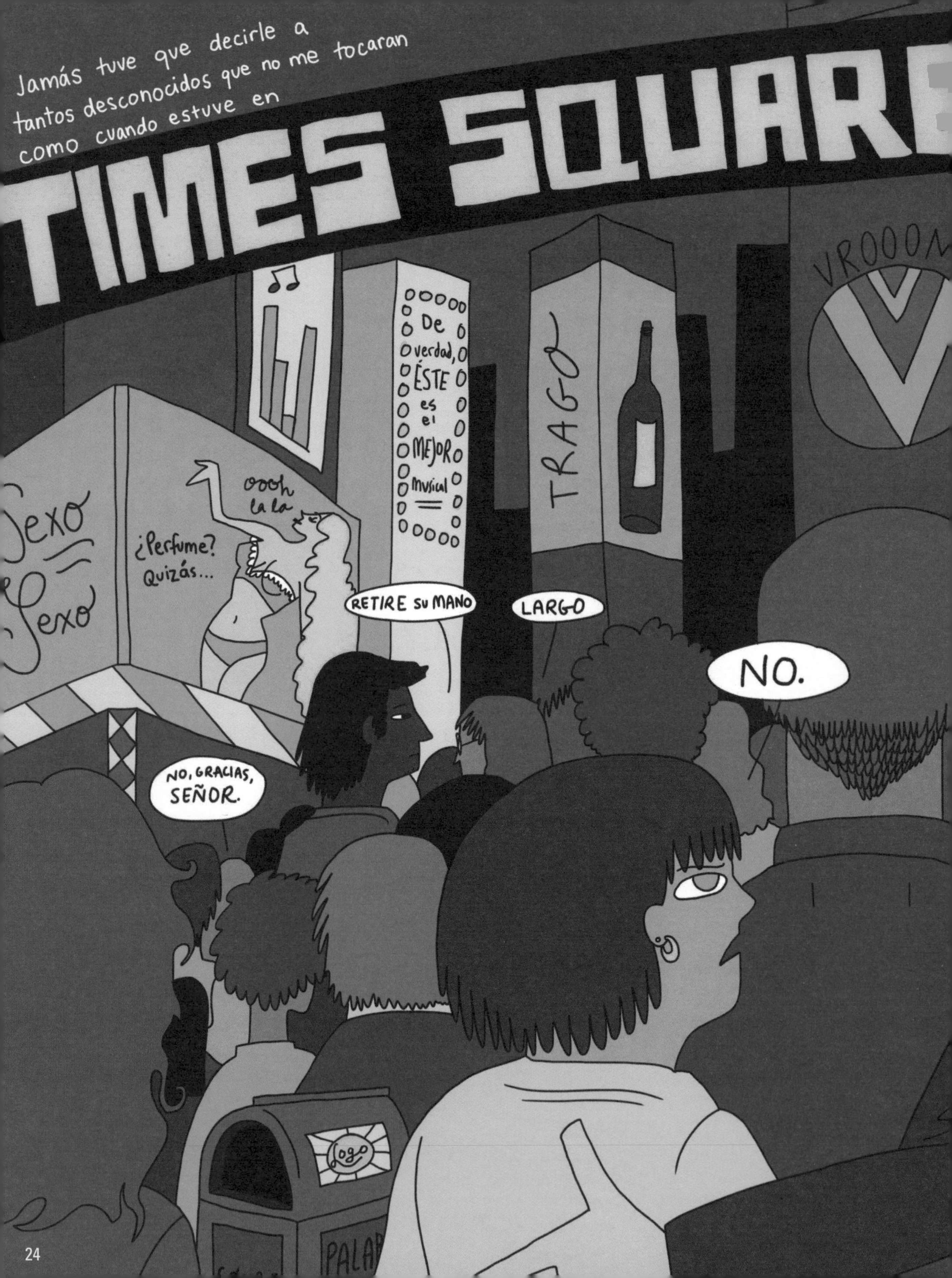
Jamás tuve que decirle a tantos desconocidos que no me tocaran como cuando estuve en
TIMES SQUARE
De verdad, ÉSTE es el MEJOR musical
TRAGO
VROOOM
Sexo Sexo
¿Perfume? Quizás...
oooh la la
RETIRE SU MANO
LARGO
NO.
NO, GRACIAS, SEÑOR.
Logo

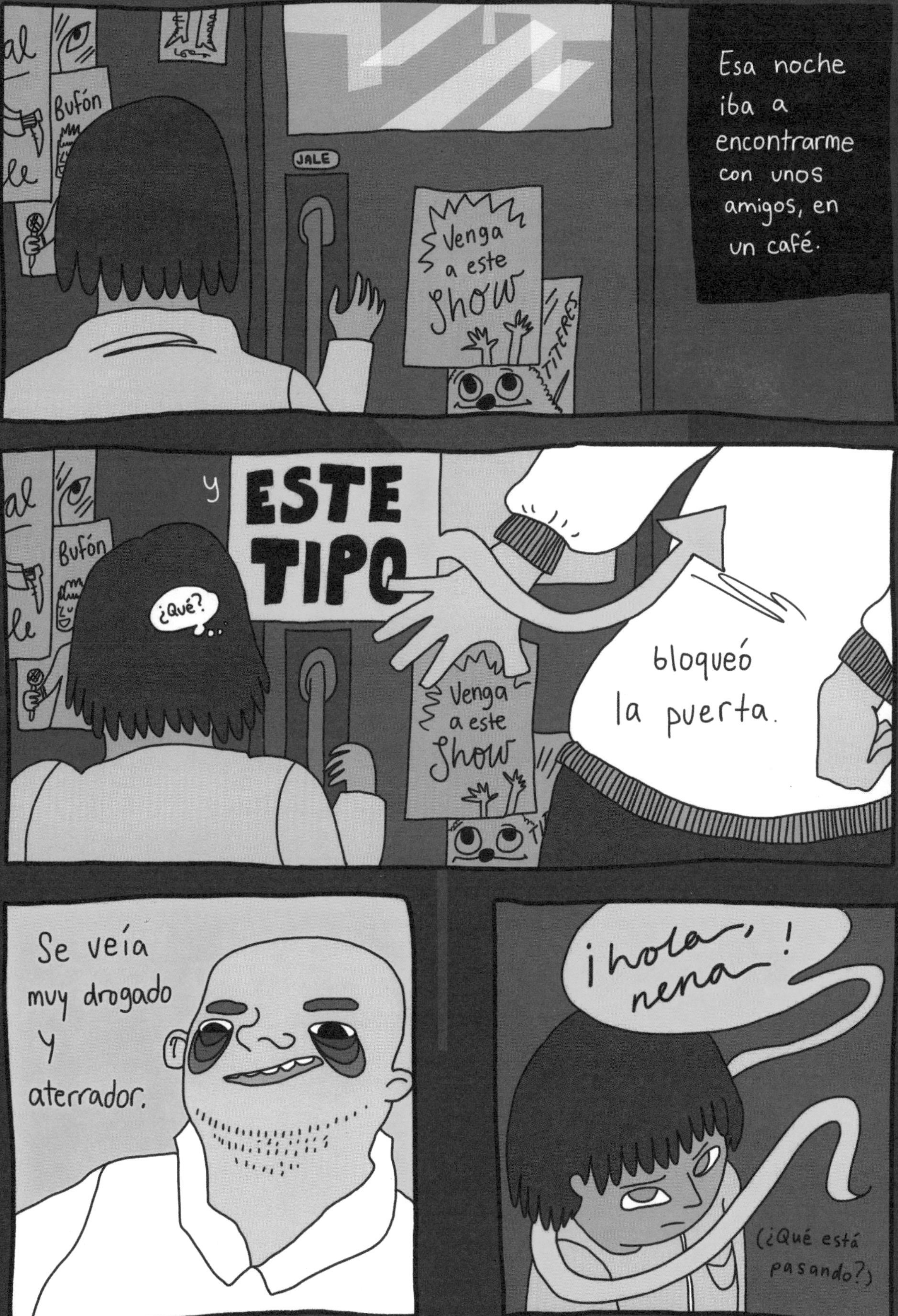

Esa noche iba a encontrarme con unos amigos, en un café.
JALE
Bufón
Venga a este show
TÍTERES
y ESTE TIPO
¿Qué?
bloqueó la puerta.
Se veía muy drogado y aterrador.
¡hola, nena!
(¿Qué está pasando?)

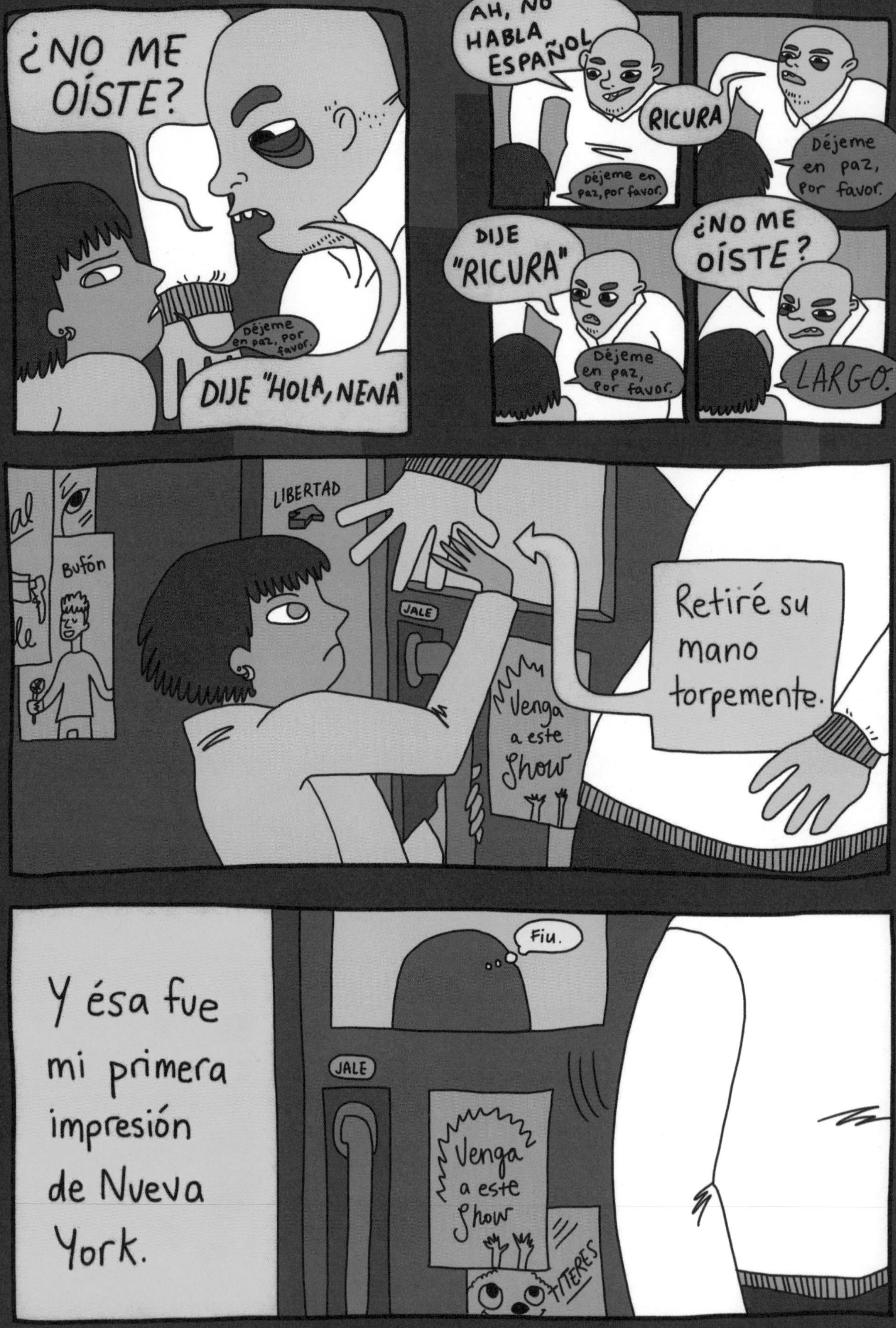

¿NO ME OÍSTE?
Déjeme en paz, por favor.
DIJE "HOLA, NENA"
AH, NO HABLA ESPAÑOL
RICURA
Déjeme en paz, por favor.
Déjeme en paz, por favor.
DIJE "RICURA"
Déjeme en paz, por favor.
¿NO ME OÍSTE?
LARGO.
LIBERTAD
Bufón
JALE
Venga a este show
Retiré su mano torpemente.
Y ésa fue mi primera impresión de Nueva York.
Fiu.
JALE
Venga a este show
TÍTERES

SEIS

EN LA PARADA DE AUTOBÚS

OYE, ¿DAS BUENAS MAMADAS?

ESO DICE MI NOVIO.

ENTONCES, ¿LO HACES
O NO? TENGO QUE
TRABAJAR MAÑANA.

SIETE

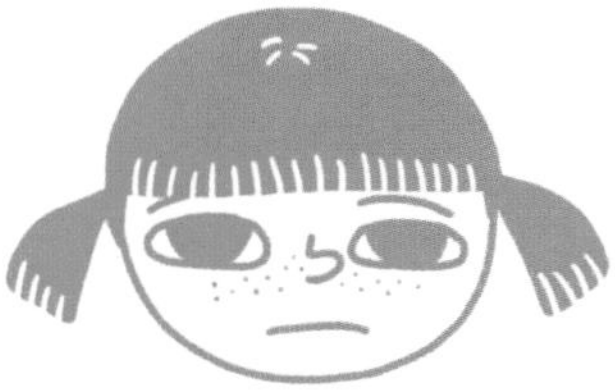

9

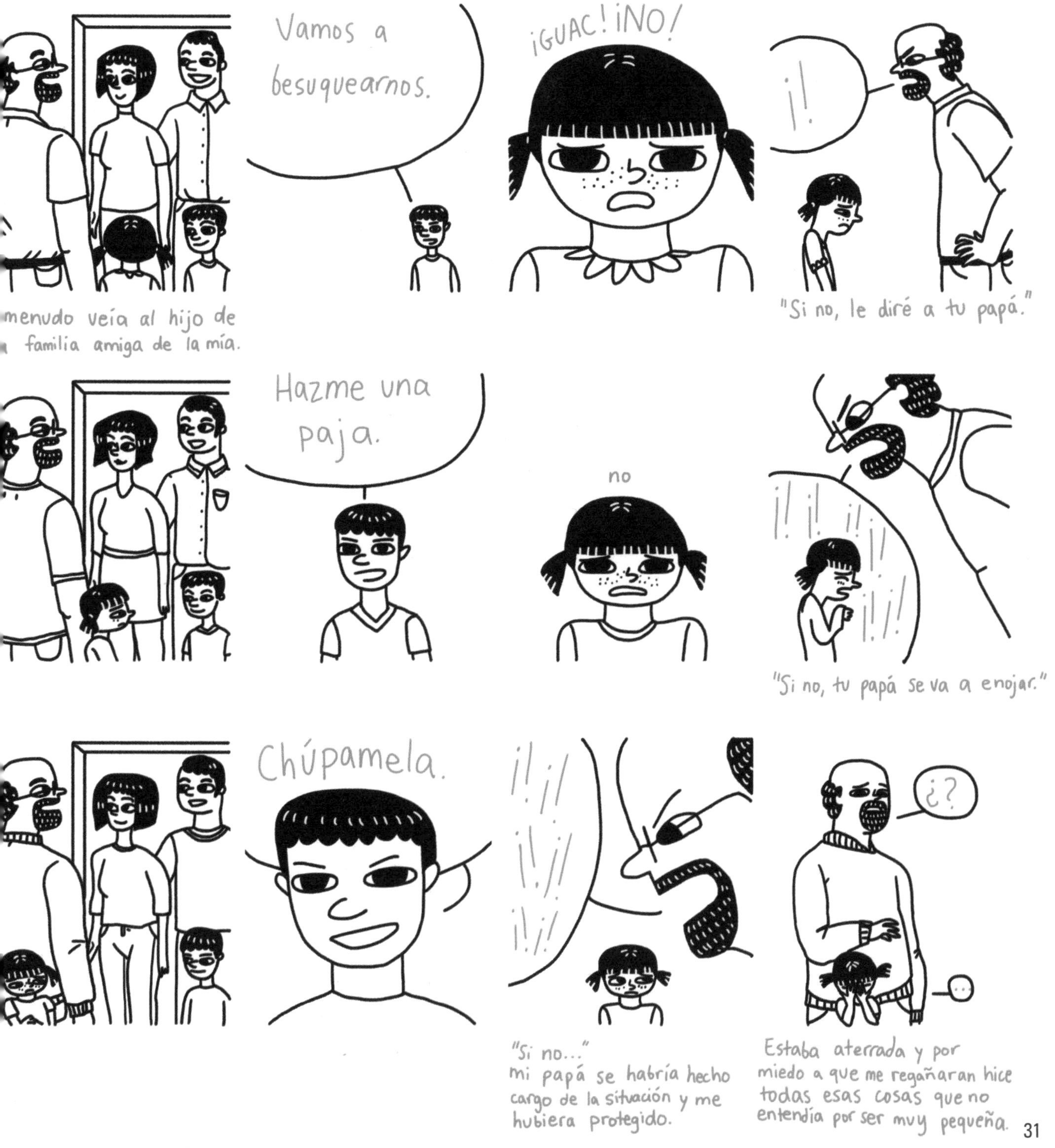

menudo veía al hijo de
familia amiga de la mía.
Vamos a besuquearnos.
¡GUAC! ¡NO!
¡!
"Si no, le diré a tu papá."
Hazme una paja.
no
¡! ¡! ¡!
"Si no, tu papá se va a enojar."
Chúpamela.
¡! ¡!
"Si no..."
mi papá se habría hecho cargo de la situación y me hubiera protegido.
¿?
Estaba aterrada y por miedo a que me regañaran hice todas esas cosas que no entendía por ser muy pequeña.

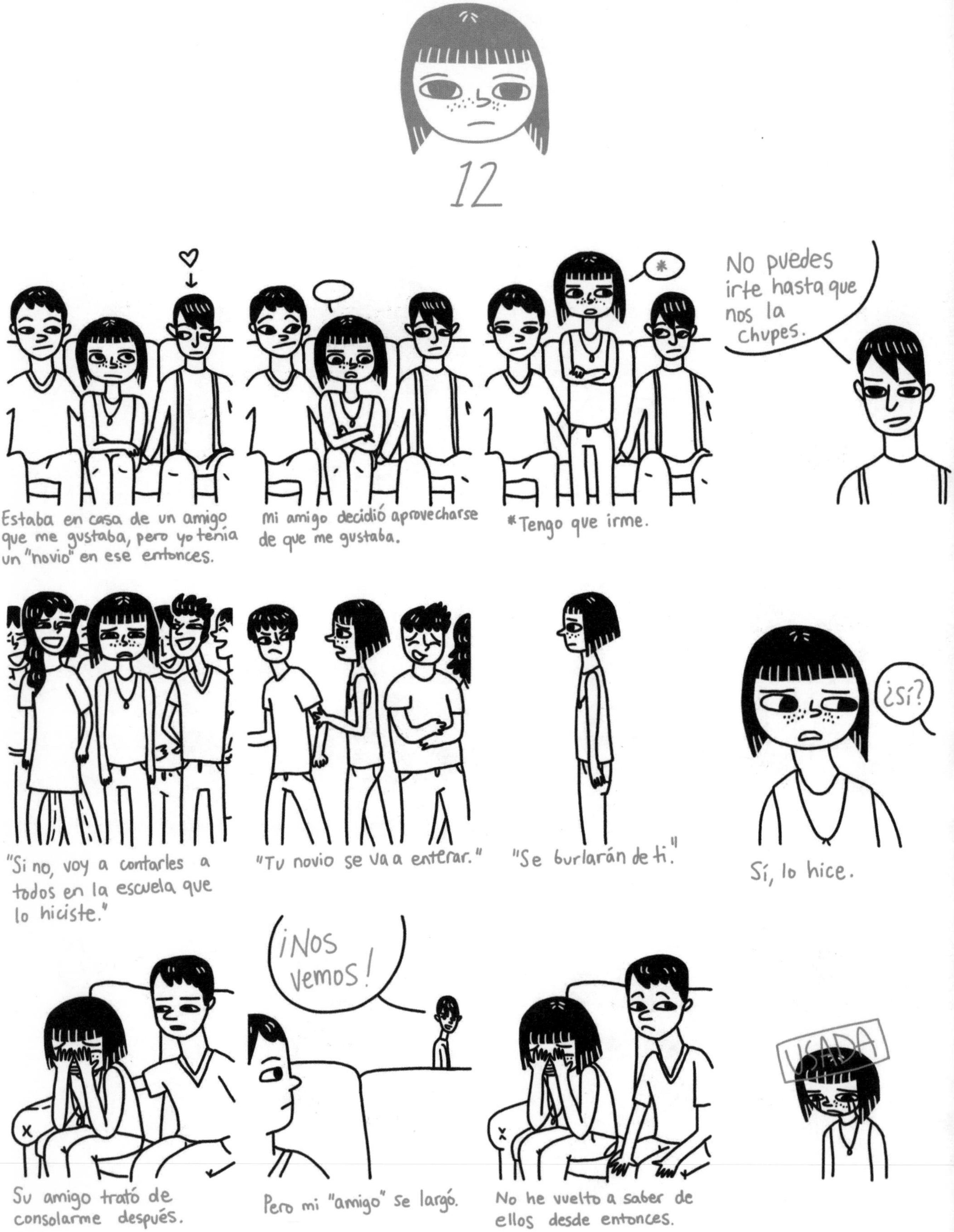
12
No puedes irte hasta que nos la chupes.
Estaba en casa de un amigo que me gustaba, pero yo tenía un "novio" en ese entonces.
Mi amigo decidió aprovecharse de que me gustaba.
*
*Tengo que irme.
"Si no, voy a contarles a todos en la escuela que lo hiciste."
"Tu novio se va a enterar."
"Se burlarán de ti."
¿Sí?
Sí, lo hice.
¡Nos vemos!
Su amigo trató de consolarme después.
Pero mi "amigo" se largó.
No he vuelto a saber de ellos desde entonces.
USADA

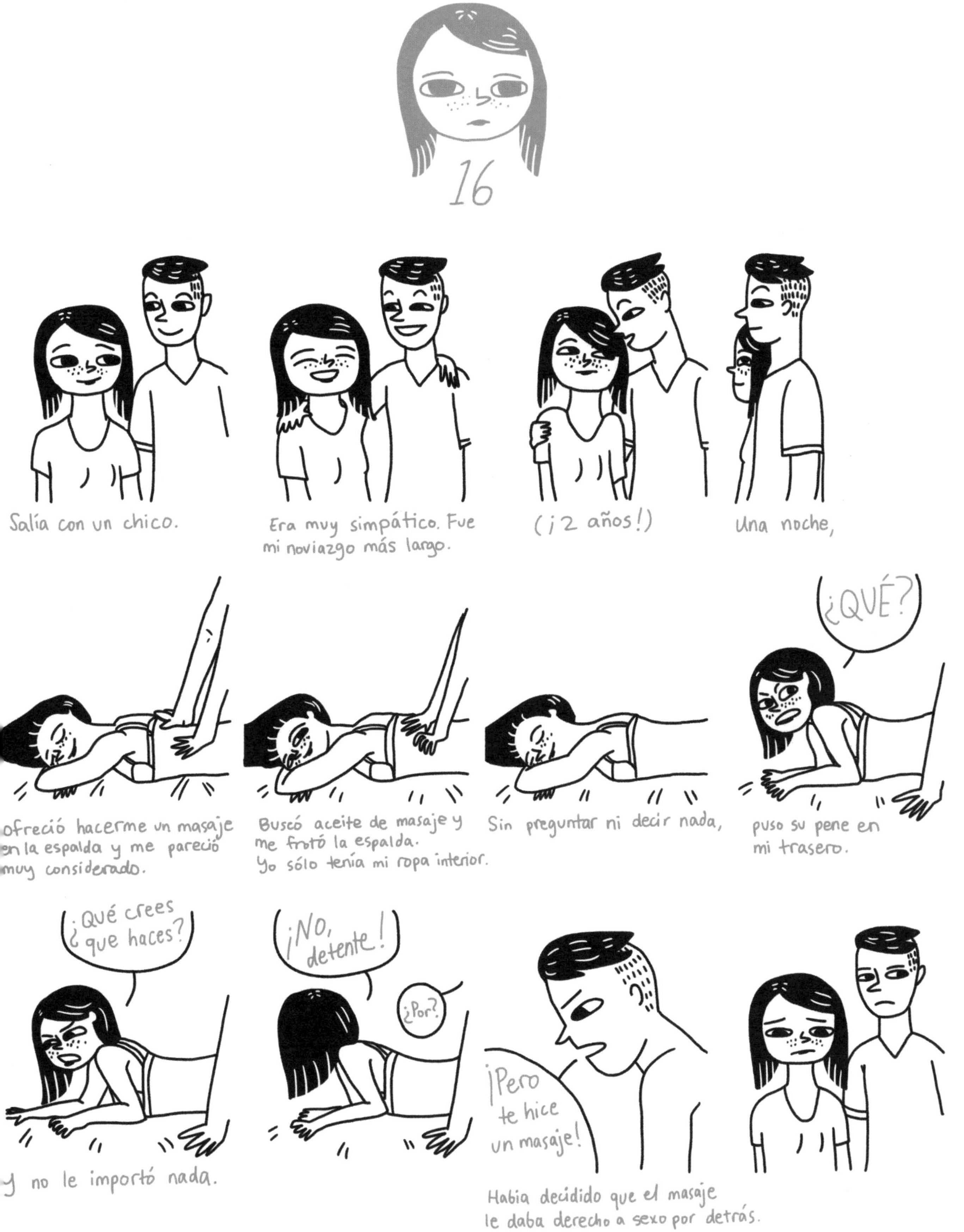
16
Salía con un chico.
Era muy simpático. Fue mi noviazgo más largo.
(¡2 años!)
Una noche,
ofreció hacerme un masaje en la espalda y me pareció muy considerado.
Buscó aceite de masaje y me frotó la espalda.
Yo sólo tenía mi ropa interior.
Sin preguntar ni decir nada,
¿QUÉ?
puso su pene en mi trasero.
¿Qué crees que haces?
y no le importó nada.
¡No, detente!
¿Por?
¡Pero te hice un masaje!
Habia decidido que el masaje le daba derecho a sexo por detrás.

OCHO

Casi siempre cuento esta historia como si fuera divertida. Es más fácil así.

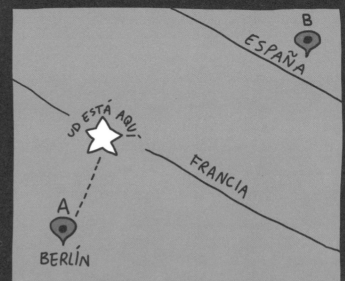

B
ESPAÑA
UD ESTÁ AQUÍ
FRANCIA
A
BERLÍN

Todos sabemos que pedir un aventón implica confiar en desconocidos.

En realidad, no podíamos comunicarnos con palabras,

¿FRANCÉS?

¿FRANCÉS SALPICADO DE ALEMÁN?

así que hablamos con señas.

MARSELLA

Hubiera sido un arreglo muy práctico.

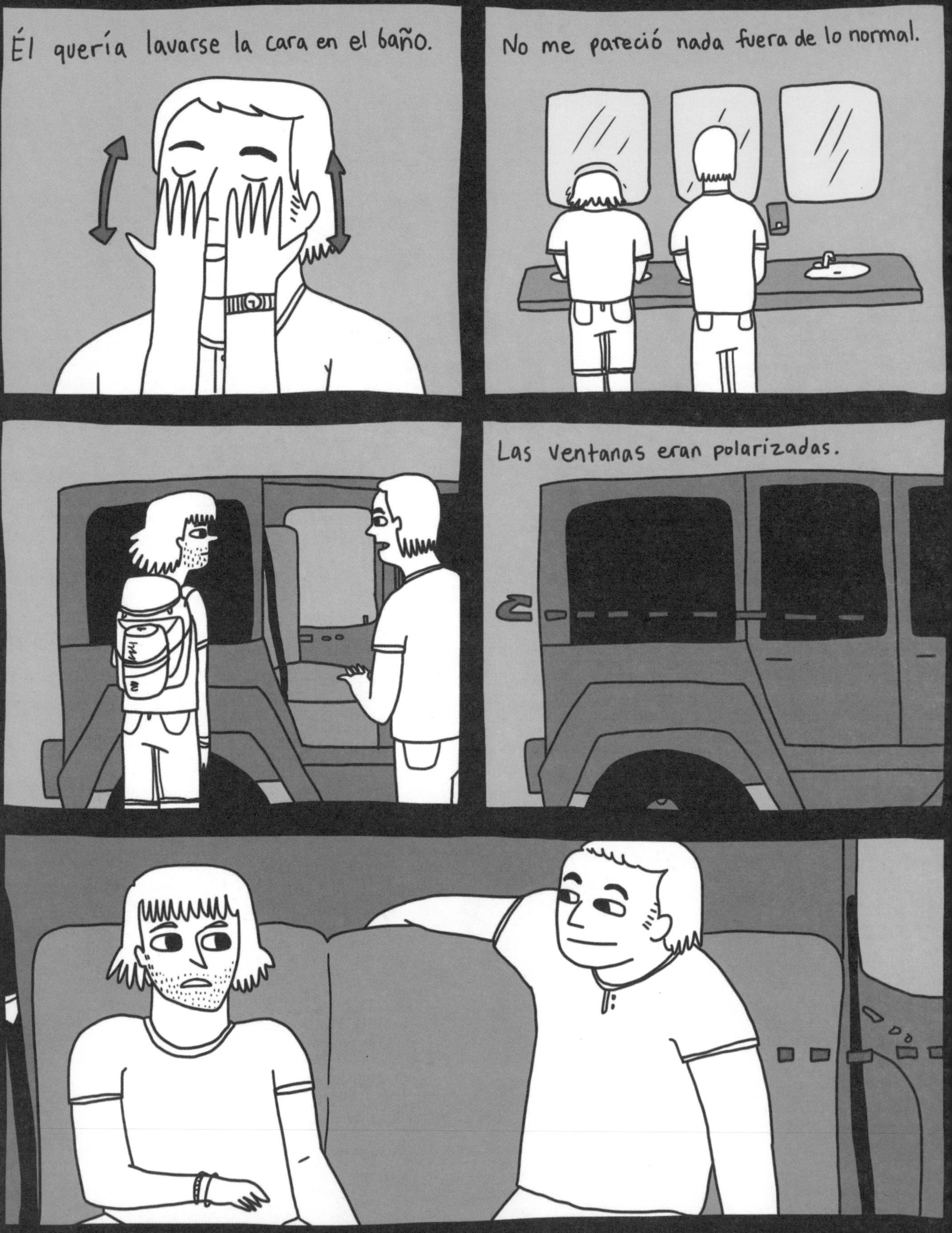
Él quería lavarse la cara en el baño.
No me pareció nada fuera de lo normal.
Las ventanas eran polarizadas.

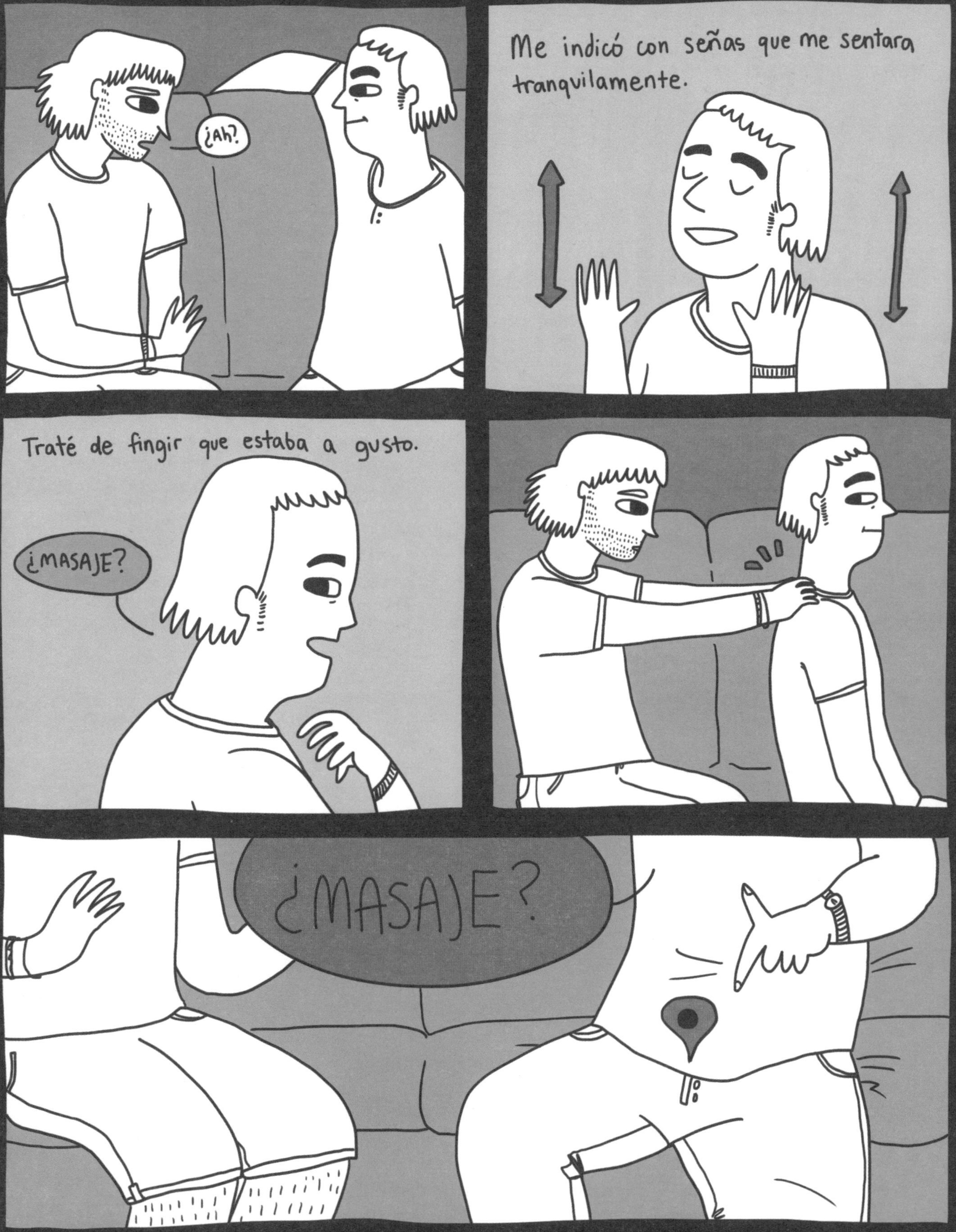
¿Ah?
Me indicó con señas que me sentara tranquilamente.
Traté de fingir que estaba a gusto.
¿MASAJE?
¿MASAJE?

Hum, no

Femme?

Femme, Femme

Me sentí idiota por ser tan ingenuo.

No fue brusco ni me tocó un pelo y eso lo hizo más siniestro.

Tardé siete horas más en conseguir un aventón.

Creo que fue culpa mía, en parte.

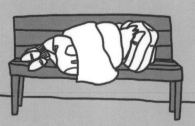

Tal vez soy demasiado confiado.

NUEVE

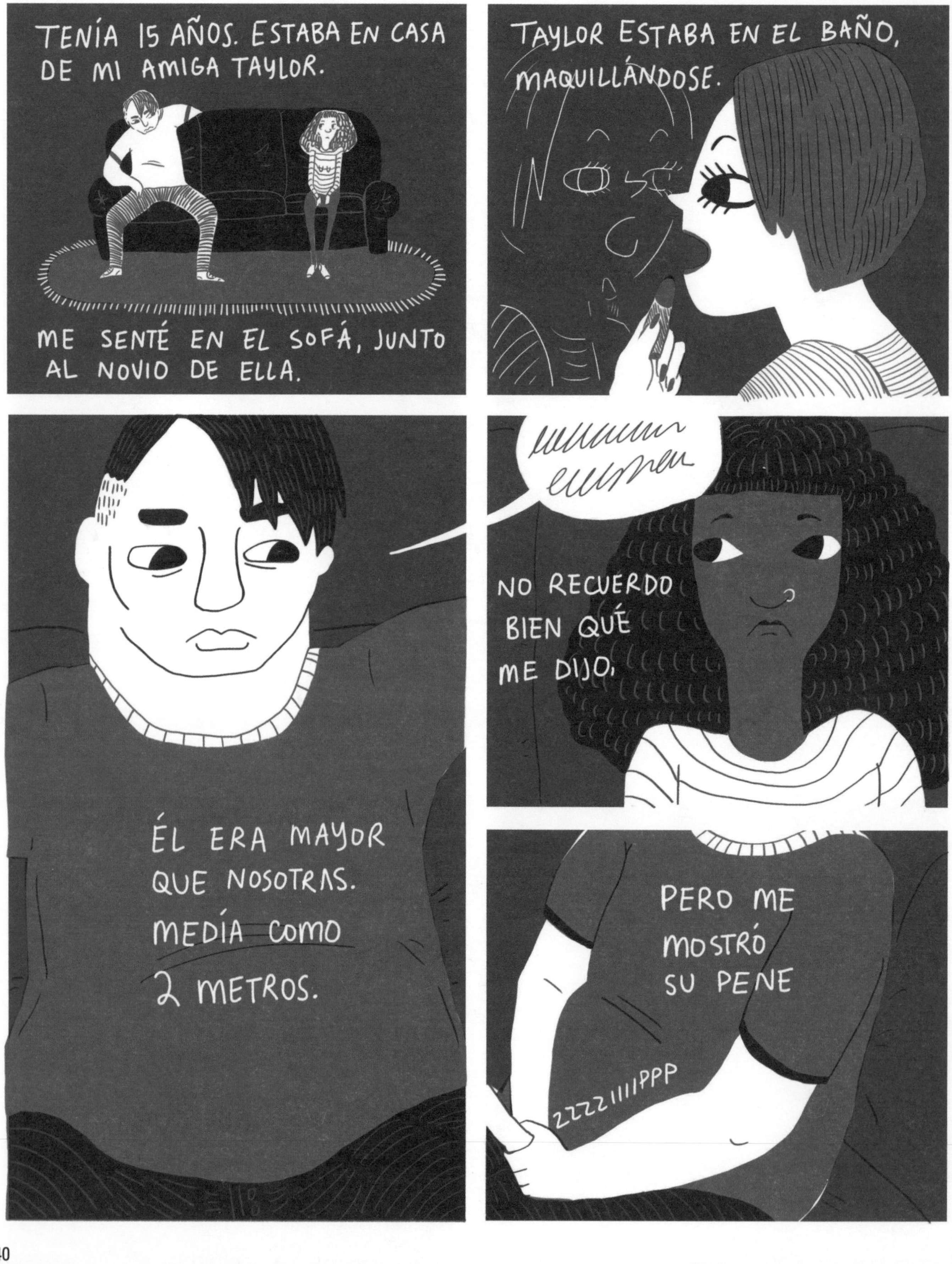
TENÍA 15 AÑOS. ESTABA EN CASA DE MI AMIGA TAYLOR.
ME SENTÉ EN EL SOFÁ, JUNTO AL NOVIO DE ELLA.
TAYLOR ESTABA EN EL BAÑO, MAQUILLÁNDOSE.
ÉL ERA MAYOR QUE NOSOTRAS. MEDÍA COMO 2 METROS.
NO RECUERDO BIEN QUÉ ME DIJO,
PERO ME MOSTRÓ SU PENE
ZZZZIIIIPPP

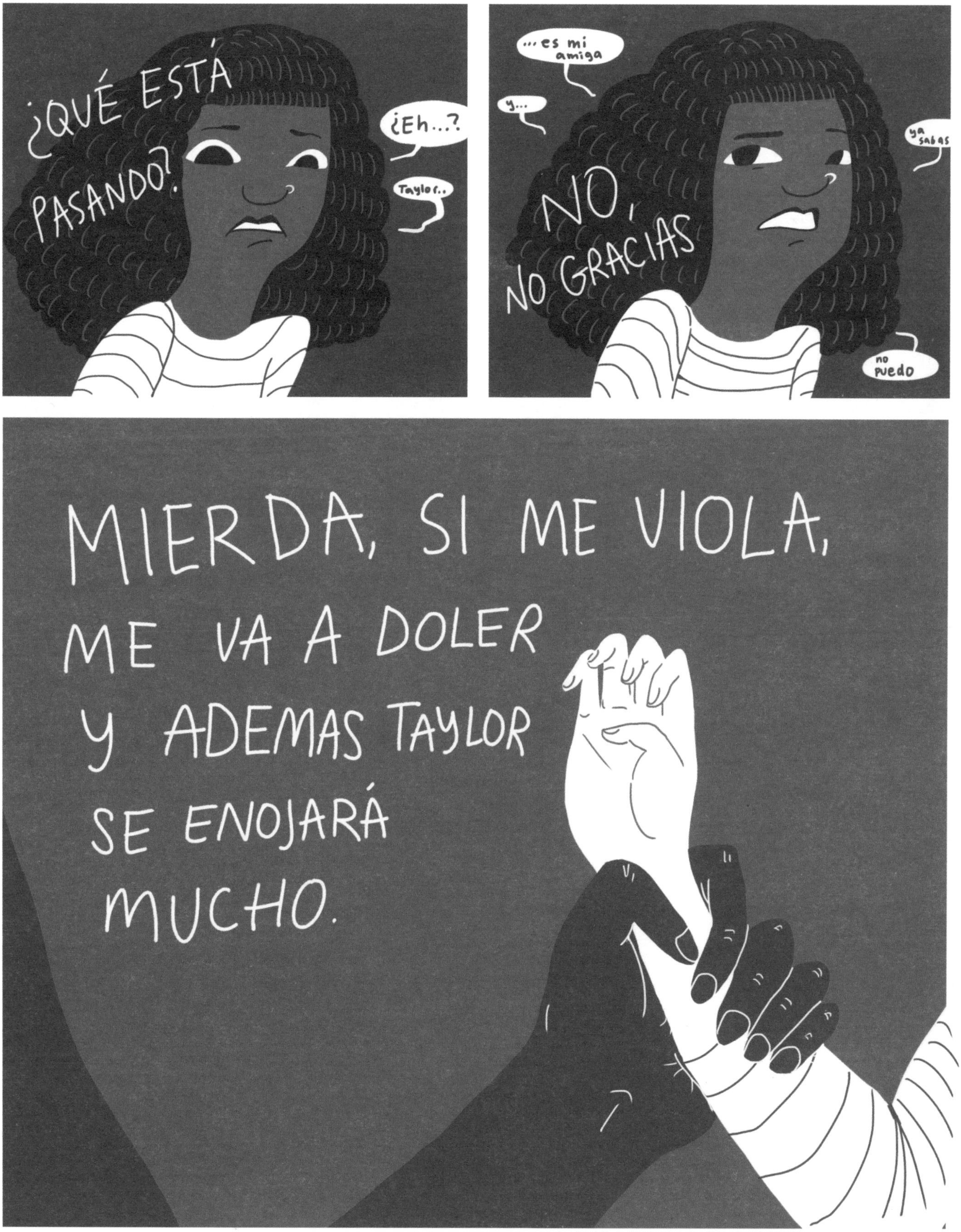
¿QUÉ ESTÁ PASANDO?
¿Eh...?
Taylor..
...es mi amiga
y...
NO, NO GRACIAS
ya sabas
no puedo
MIERDA, SI ME VIOLA, ME VA A DOLER Y ADEMAS TAYLOR SE ENOJARÁ MUCHO.

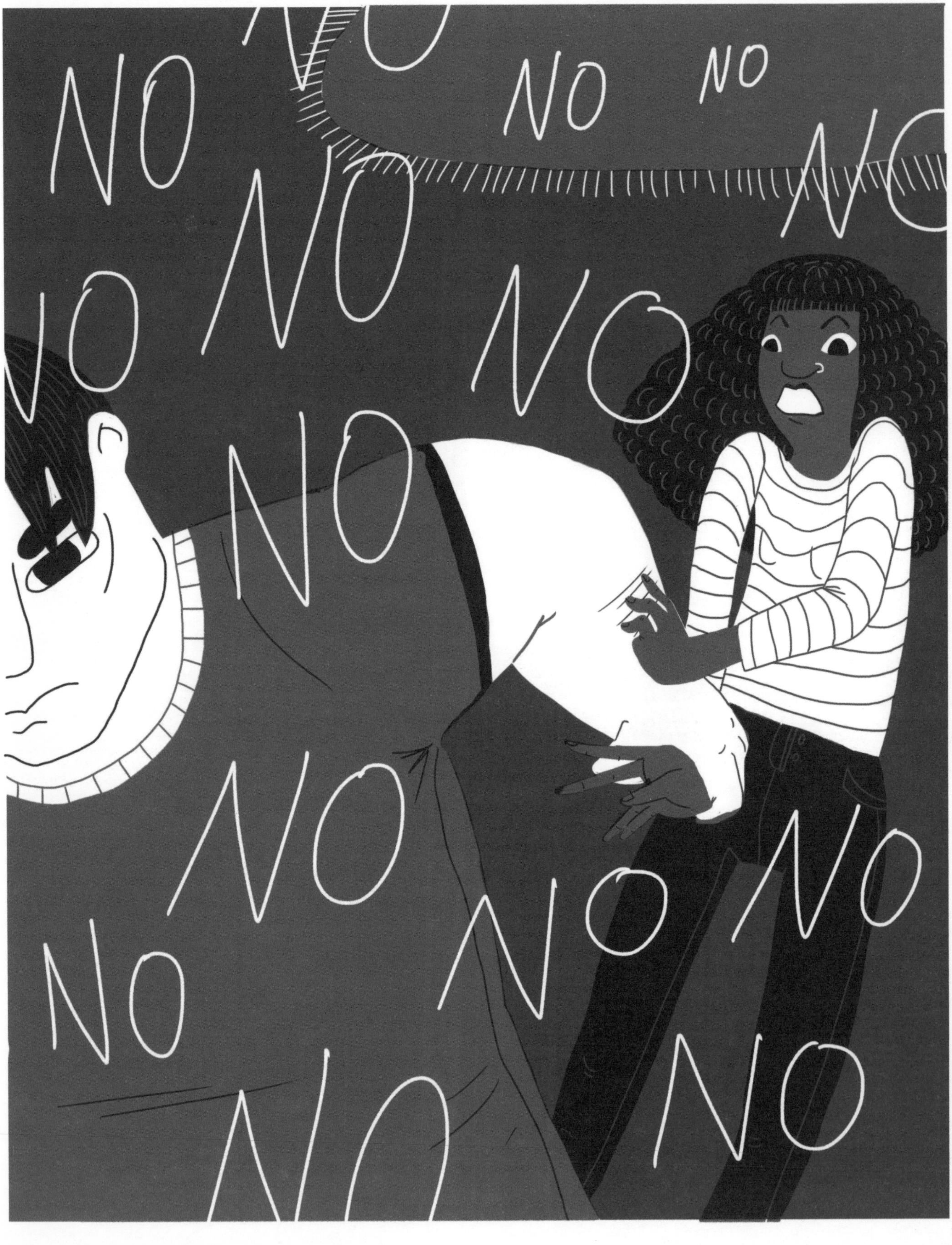

NO
NO
NO
NO
NO
NO
NO
NO
NO
NO
NO

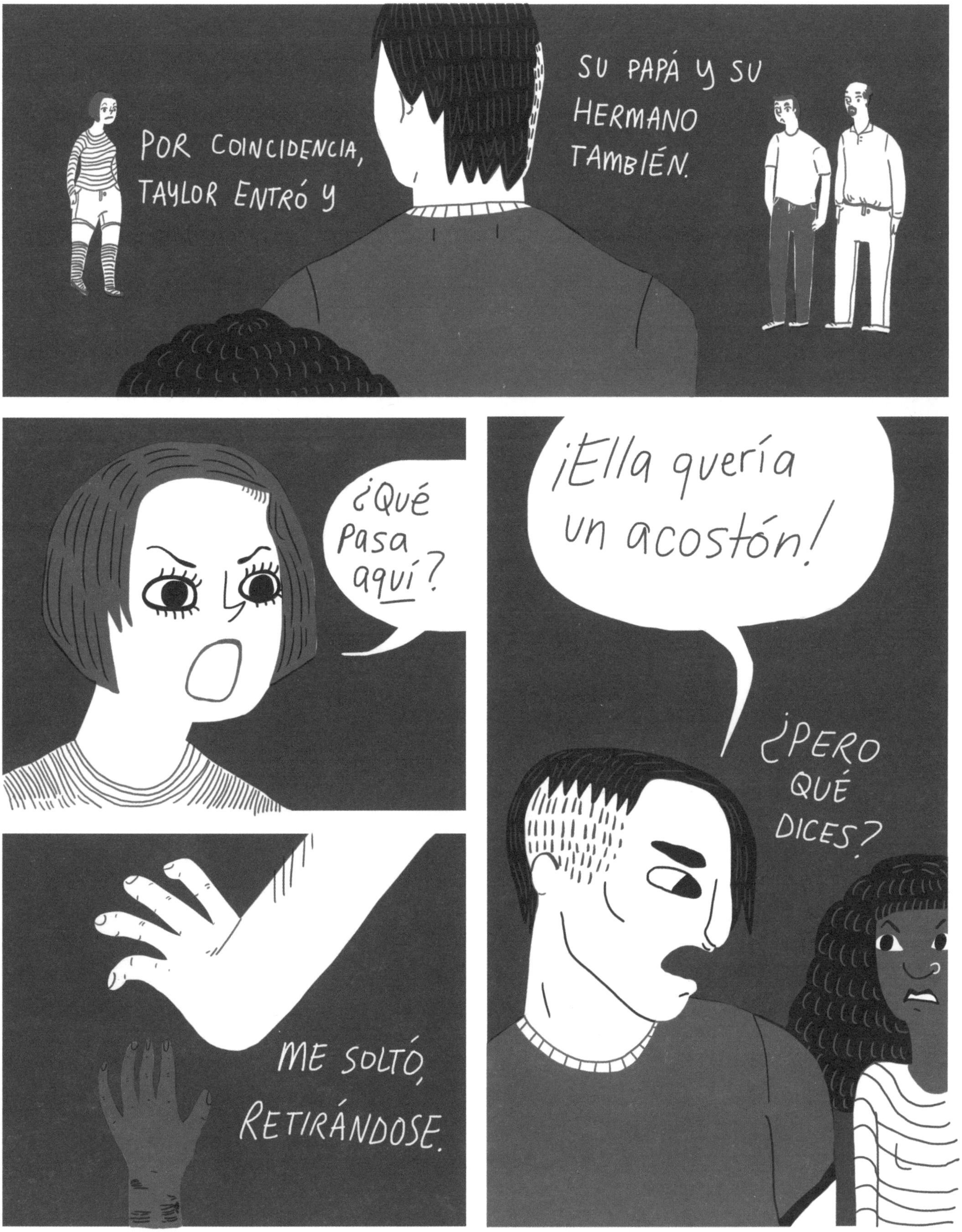
POR COINCIDENCIA, TAYLOR ENTRÓ Y
SU PAPÁ Y SU HERMANO TAMBIÉN.
¿Qué pasa aquí?
¡Ella quería un acostón!
¿PERO QUÉ DICES?
ME SOLTÓ, RETIRÁNDOSE.

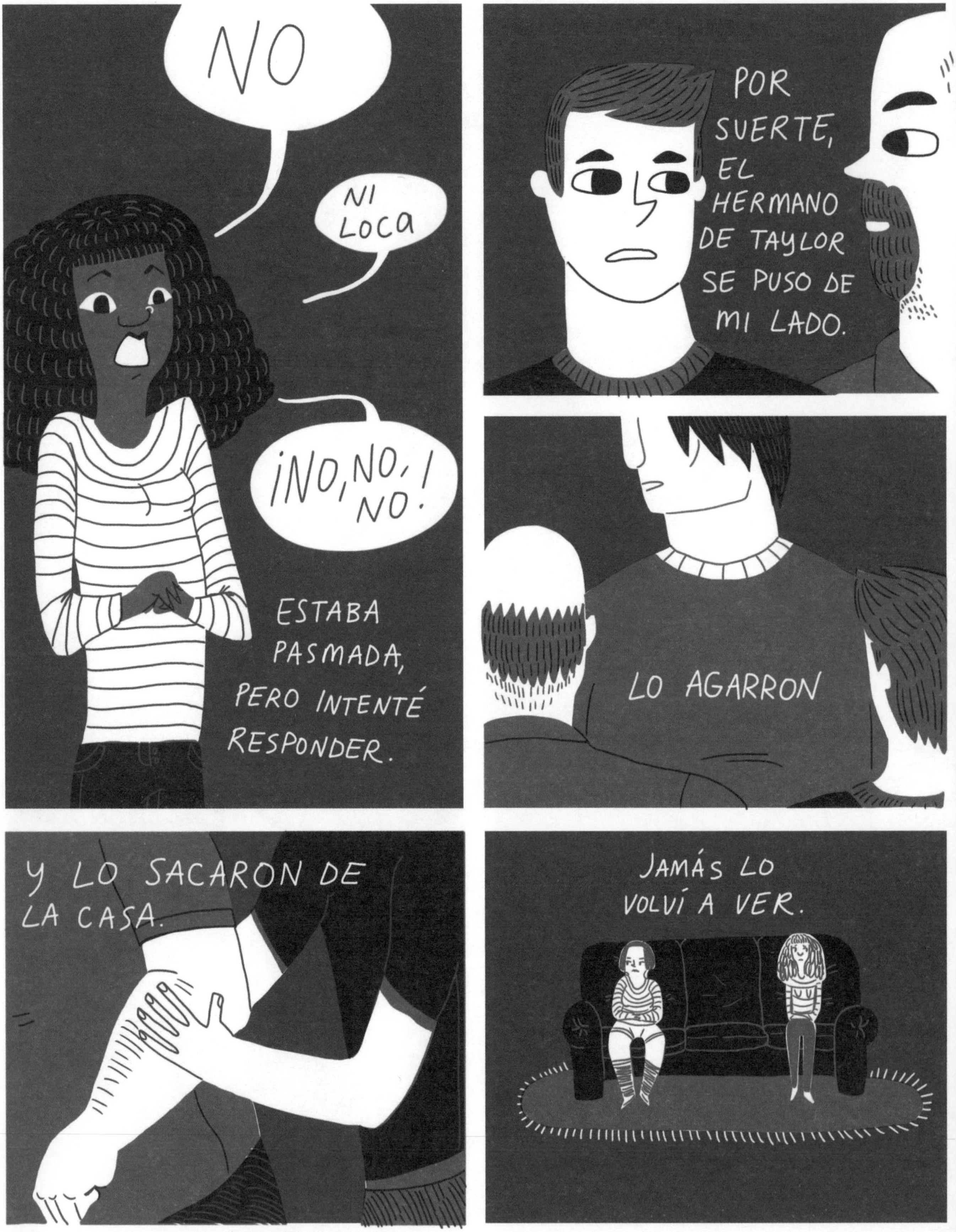
NO
NI Loca
¡NO, NO, NO!
ESTABA PASMADA, PERO INTENTÉ RESPONDER.
POR SUERTE, EL HERMANO DE TAYLOR SE PUSO DE MI LADO.
LO AGARRON
Y LO SACARON DE LA CASA.
JAMÁS LO VOLVÍ A VER.

DIEZ

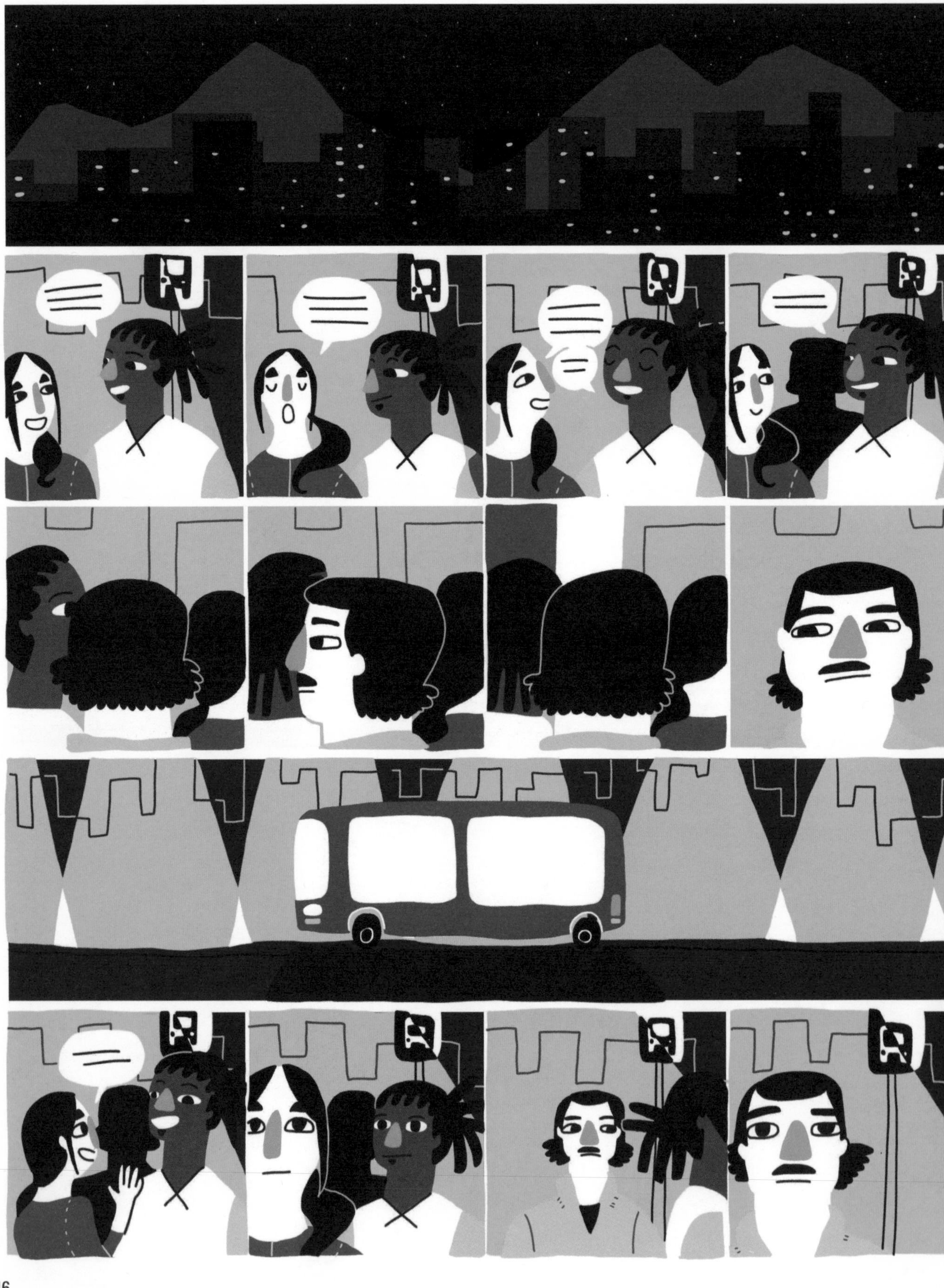

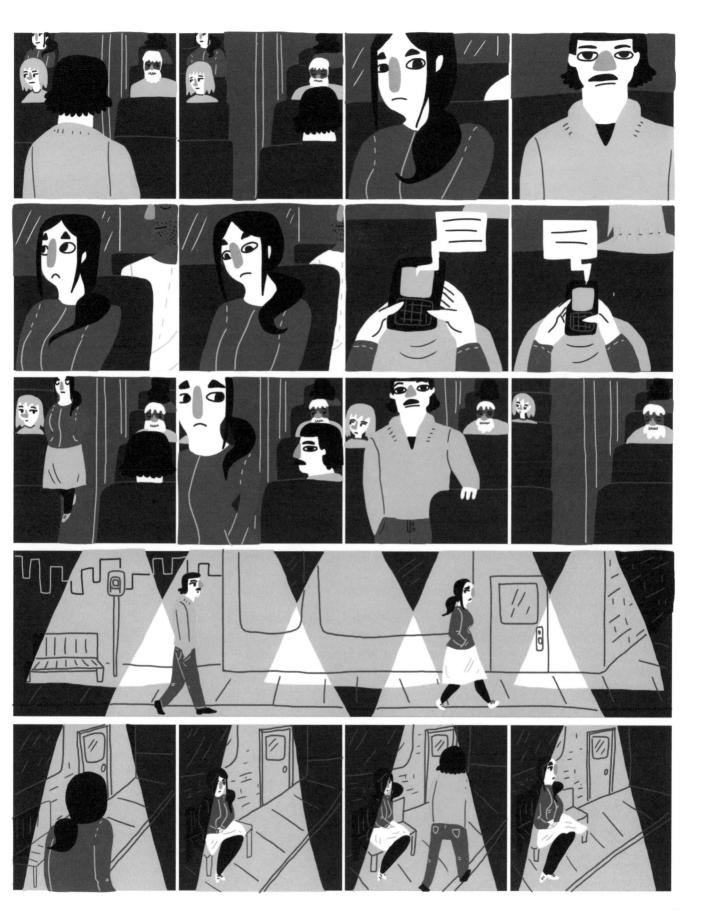

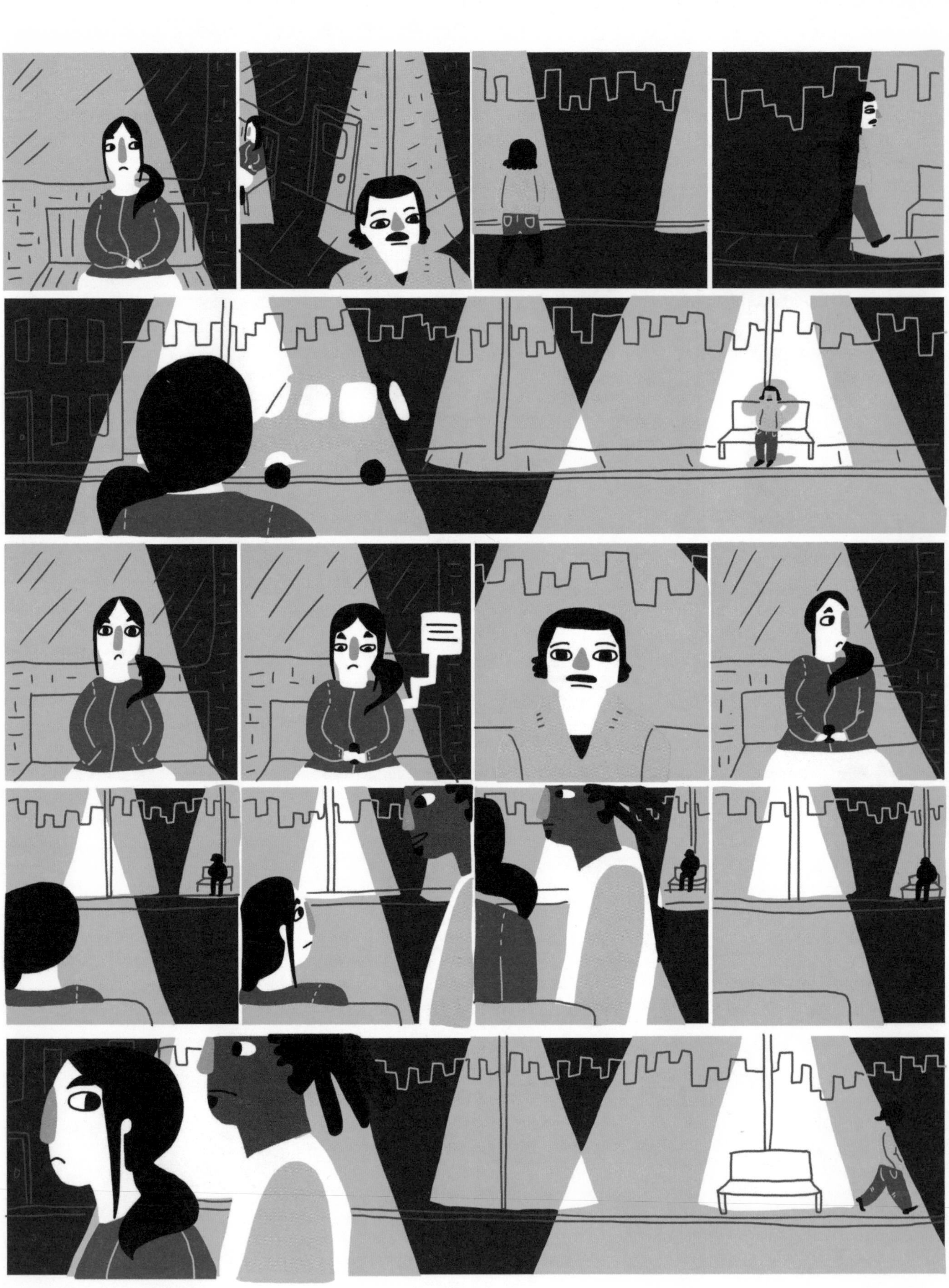

ONCE

Nos conocimos en las redes sociales y hubo atracción instantánea.
Nos turnábamos para viajar en autobús y visitarnos. Una vez sus
amigos vinieron con él. Estaban jugando videojuegos en el sótano y
yo le había pedido que lavara los platos. Insistía en no hacerme caso,
así que puse una mano frente a la pantalla de su computadora.

Ésa fue la primera vez que me golpeó. Mis anteojos fueron a parar a
más de tres metros de allí. Yo estaba conmocionada. Jamás me habían
pegado y lo mandé al diablo. Recogí mis anteojos y también los platos.

Al día siguiente, me preguntó si entendí por qué me había golpeado.
Respondí que no y por eso me gané un sermón de media hora en el que
explicó por qué nadie lo debía interrumpir cuando estaba jugando con
sus amigos. Dije que entendía.

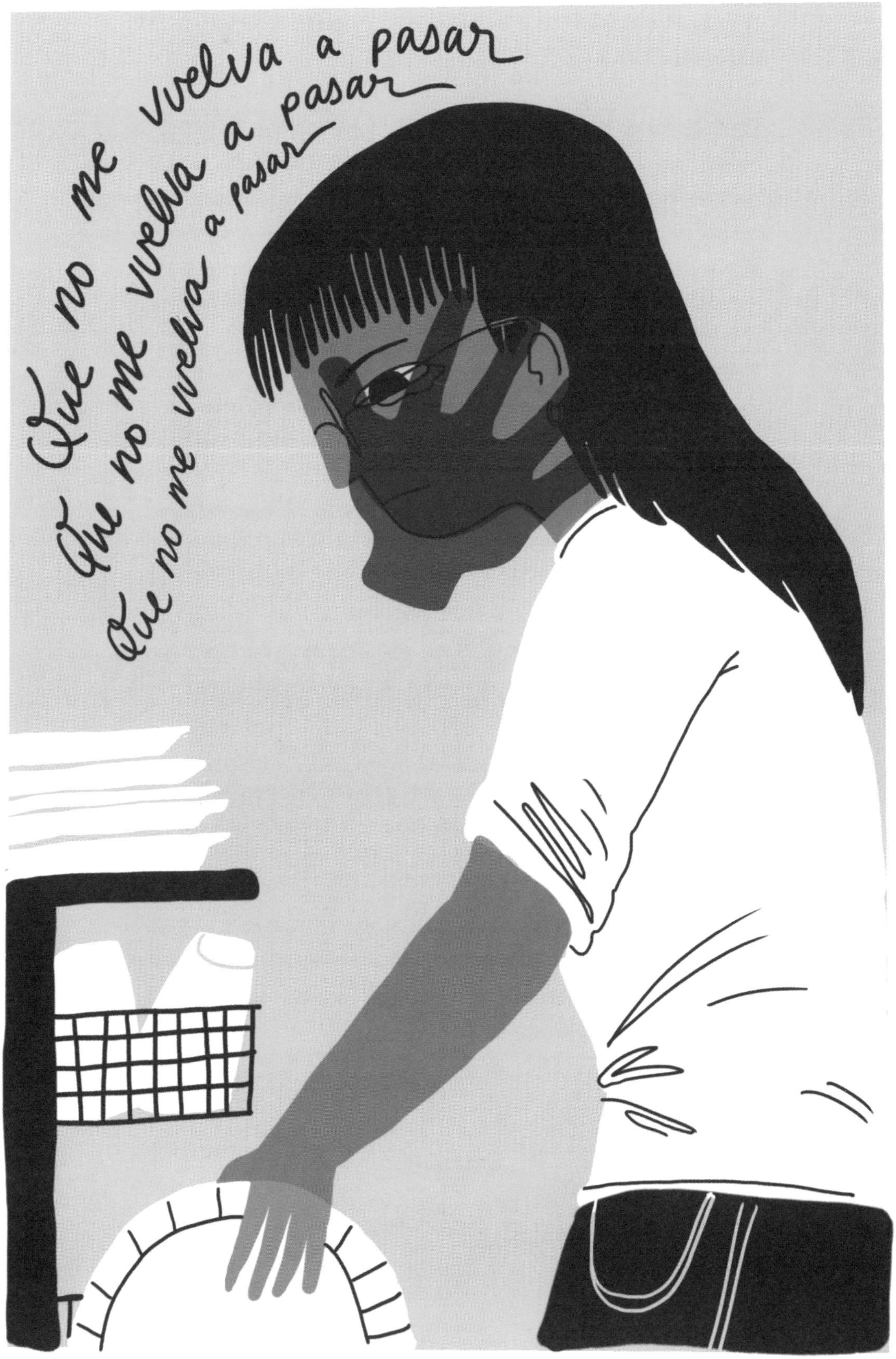
Que no me vuelva a pasar
Que no me vuelva a pasar
Que no me vuelva a pasar

⟨No pensé que fuera tan difícil registrar físicamente lo que había sucedido.⟩

Estaba lavando ropa y él me acosaba con intenciones sexuales. Le había dicho que no era el momento, que estaba ocupada. Pero insistía y me acosaba. Era muy frustrante. Me incliné para alcanzar la ropa que estaba en el fondo de la lavadora y él me mantuvo en esa posición. Le dije que me soltara, que no era gracioso. Sujetó mis brazos y los inmovilizó contra mi espalda, para luego bajarme los pantalones.

No hay nada más aterrador que sentir que alguien, en quien uno confía, te sujete así, a pesar de las negativas y las lágrimas. La sensación de desamparo y traición es total y completa. Que alguien te impida moverte, te viole y te aconseje que dejes de llorar y te limites a disfrutarlo. "Deja de llorar. Disfrútalo". Recuerdo esas palabras con exactitud: que lo disfrutara. No hay nada que se le pueda comparar, nada.

Lloré. Lloré muchísimo. Me di una ducha después y me restregué la piel hasta hacerme daño. Me sentía asqueada, sucia. Sentía que no valía nada.

Pero me duché y seguí con mis cosas. Porque cuando sucedió no consideré que fuera una violación. Al fin y al cabo, estábamos saliendo. Tenía permitido hacerme eso, ¿o no?

Se mudó a vivir conmigo. Quería sexo todas las noches y, al final del día, yo estaba demasiado cansada para oponerme. En esos tiempos conseguimos una gatita. No me gustaba el nombre que él le puso, pero a pesar de eso la quería.

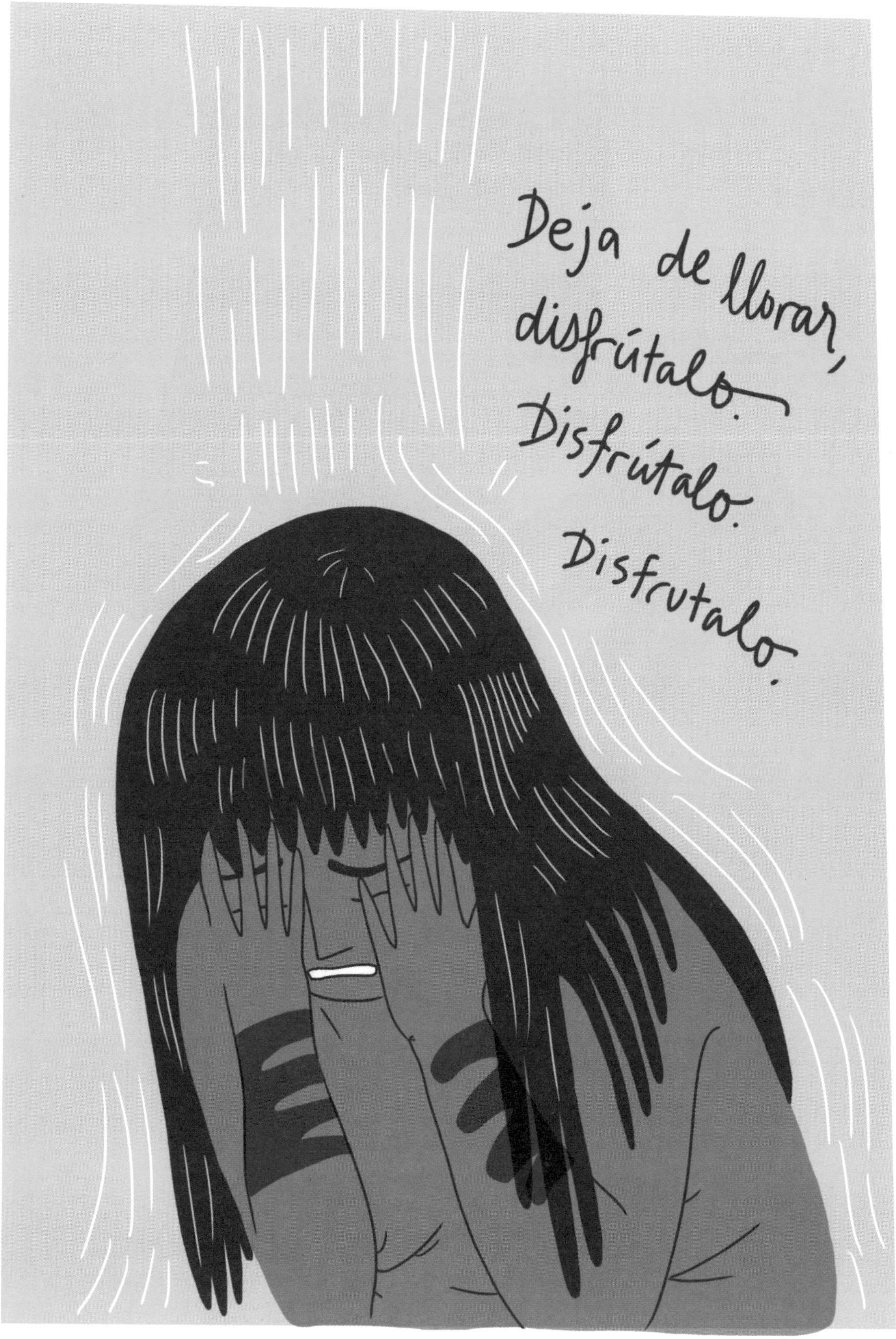
Deja de llorar,
disfrútalo.
Disfrútalo.
Disfrutalo.

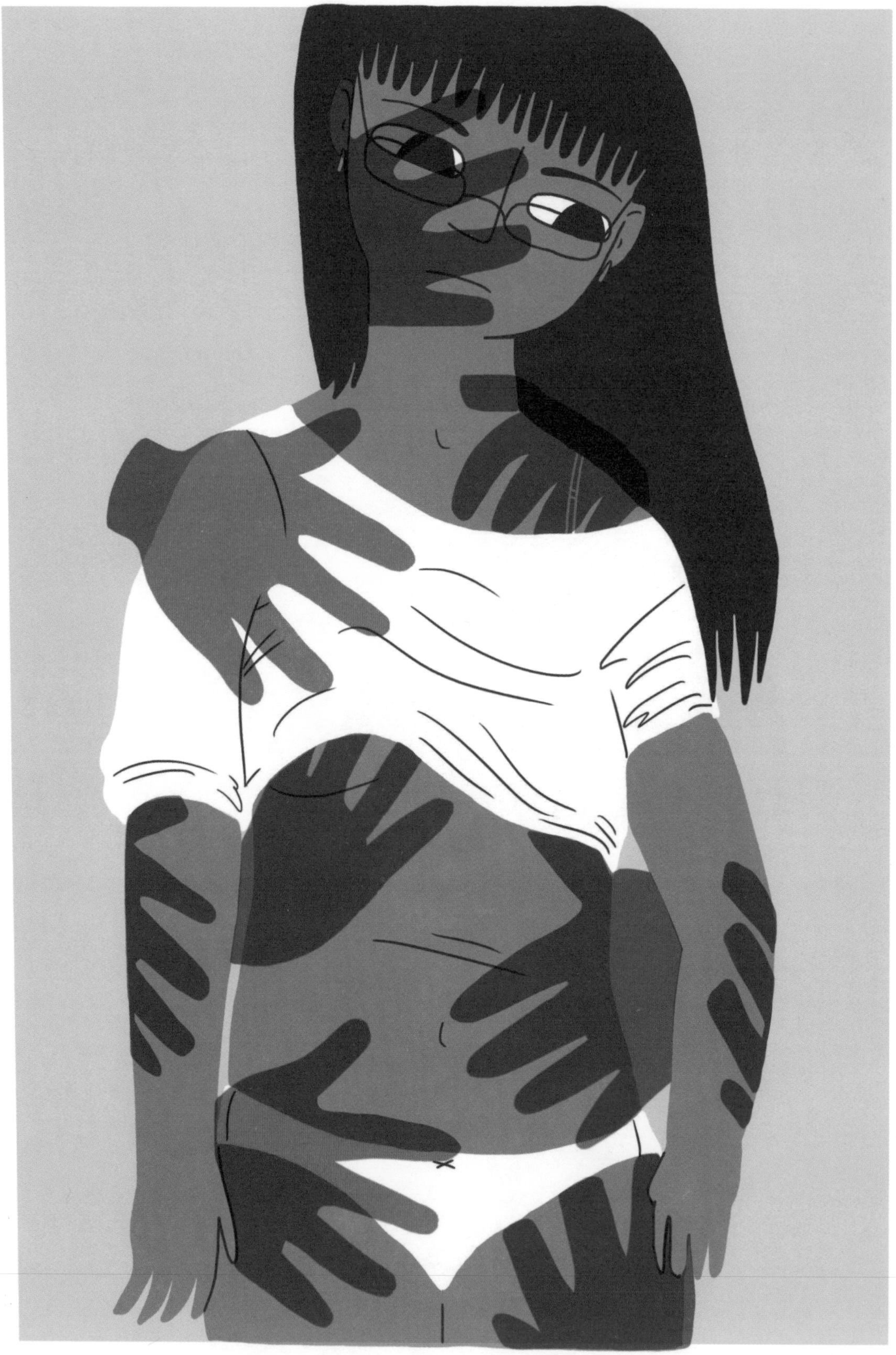

Mientras tanto, él había estado borrando los mensajes que me dejaban mis amigas, bloqueando las solicitudes que me llegaban a Facebook, borrando correos electrónicos y cancelando mis suscripciones. ¿Sería yo capaz de admitir eso? No.

El Día de Acción de Gracias fuimos a casa de mis abuelos. Nos divertíamos, incluso bromeábamos entre nosotros.

Luego me dio una bofetada delante de siete familiares míos.

Cuando regresamos a casa de esa celebración, le dije que se largara. Que si no había sacado sus cosas del departamento cuando yo volviera del trabajo al día siguiente, iba a llamar a la policía.

Cuando volví a casa, él ya no estaba. Todo fue distinto. Esa noche dormí profunda y tranquilamente, como no lo había hecho en mucho, mucho tiempo.

Le cambié el nombre a la gatita, ahora es Lucy. Me recuerda esa época, esos días en que no confié en mi instinto.

Él me había quitado a mis amigos, a mi familia. Me había arrebatado mi libertad. Nunca más.

¿Acaso esa relación afectó mi vida? Han pasado cinco años desde entonces y no me he involucrado con nadie más.

DOCE

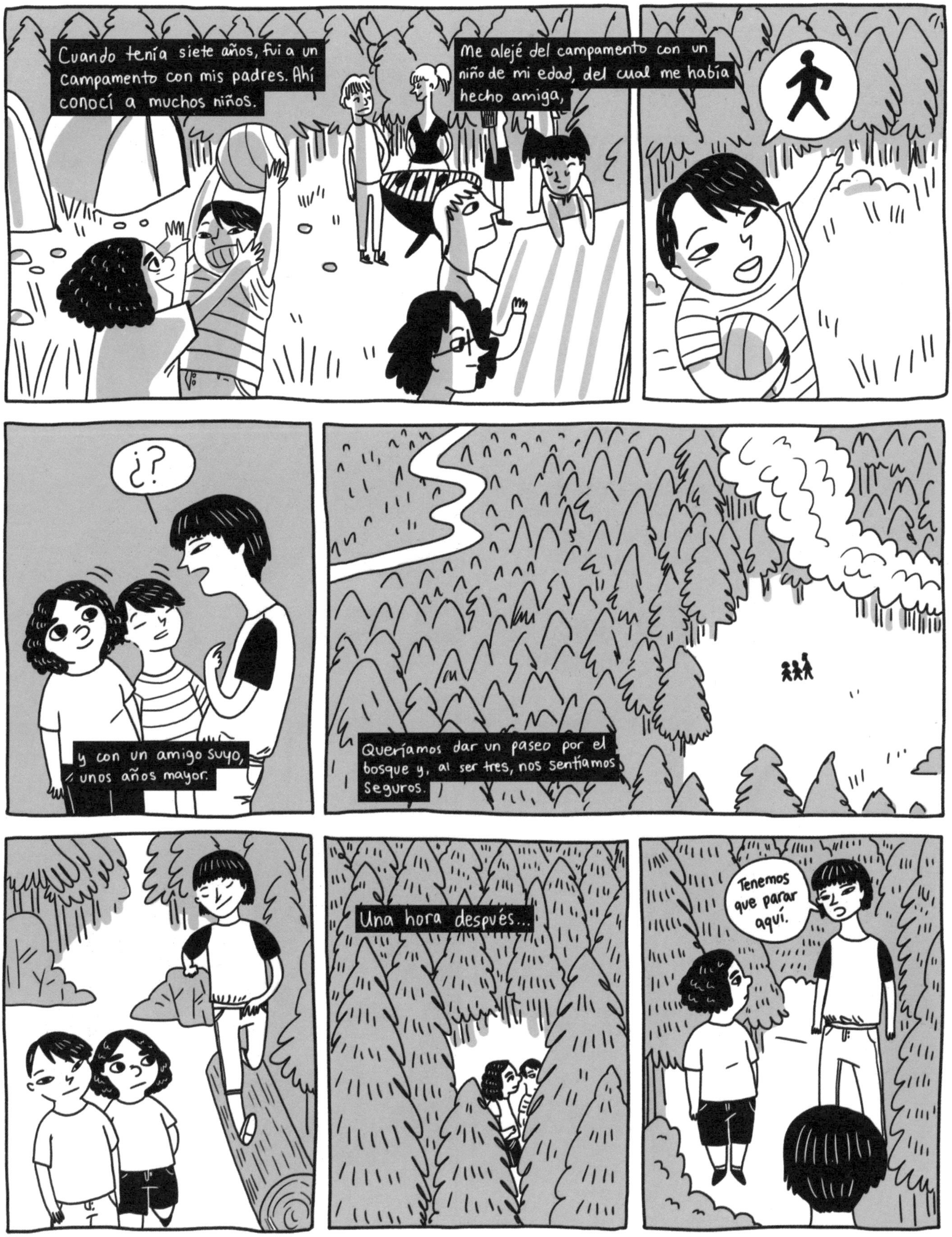

Cuando tenía siete años, fui a un campamento con mis padres. Ahí conocí a muchos niños.
Me alejé del campamento con un niño de mi edad, del cual me había hecho amiga,
¿?
y con un amigo suyo, unos años mayor.
Queríamos dar un paseo por el bosque y, al ser tres, nos sentíamos seguros.
Una hora después...
Tenemos que parar aquí.

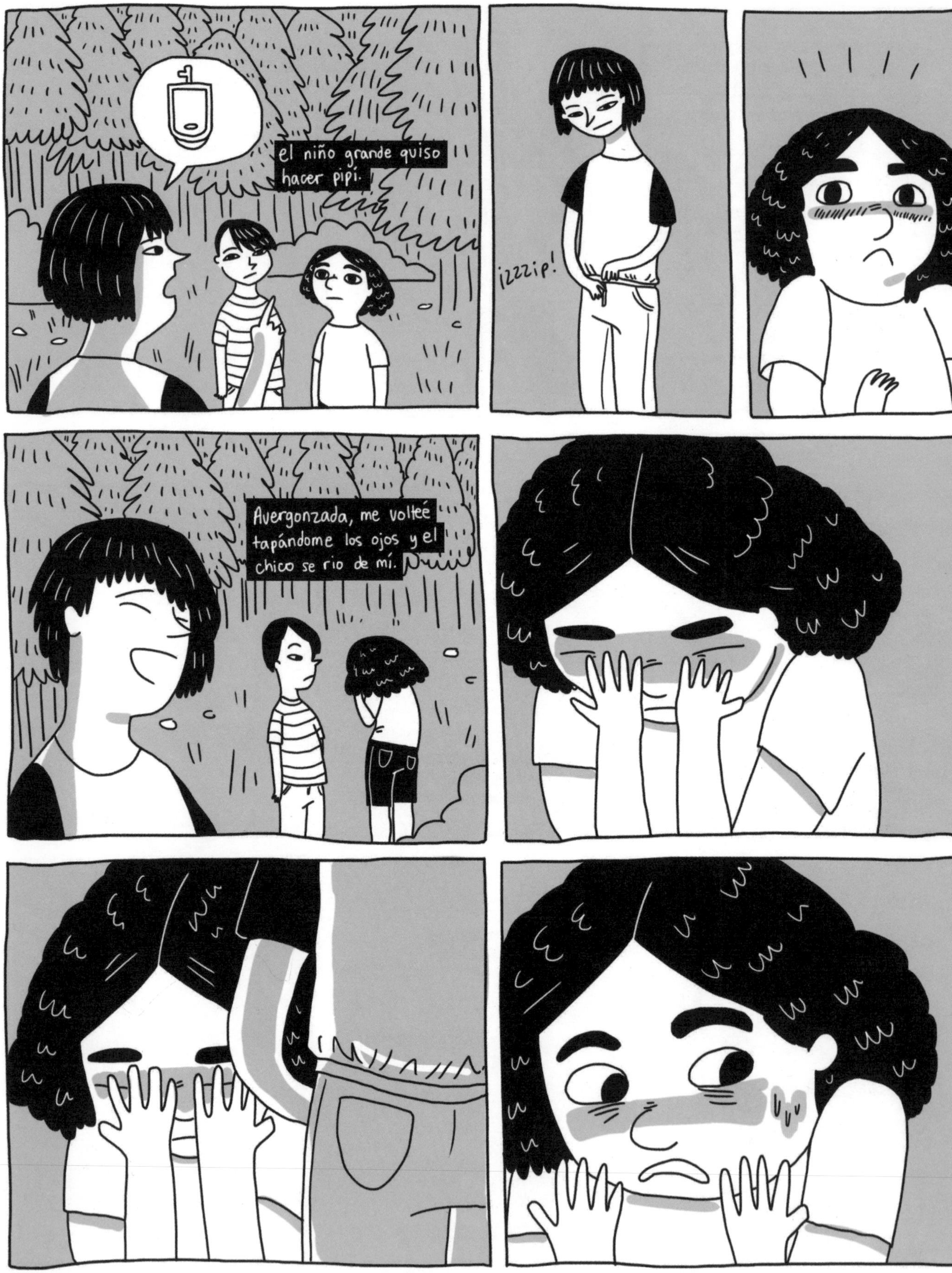
el niño grande quiso hacer pipí.
¡zzzip!
Avergonzada, me volteé tapándome los ojos y el chico se rio de mí.

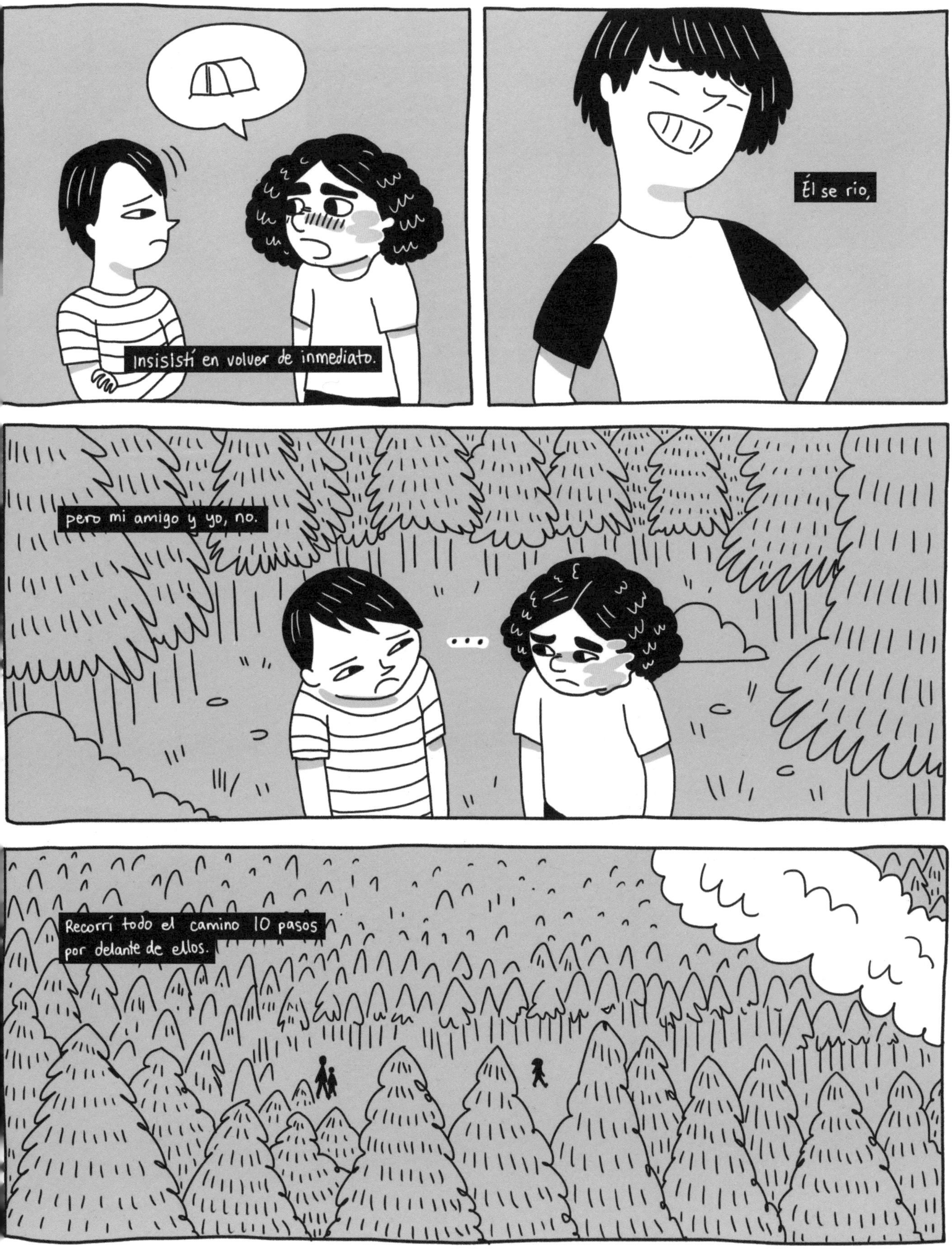
Insistí en volver de inmediato.
Él se rio,
pero mi amigo y yo, no.
...
Recorrí todo el camino 10 pasos por delante de ellos.

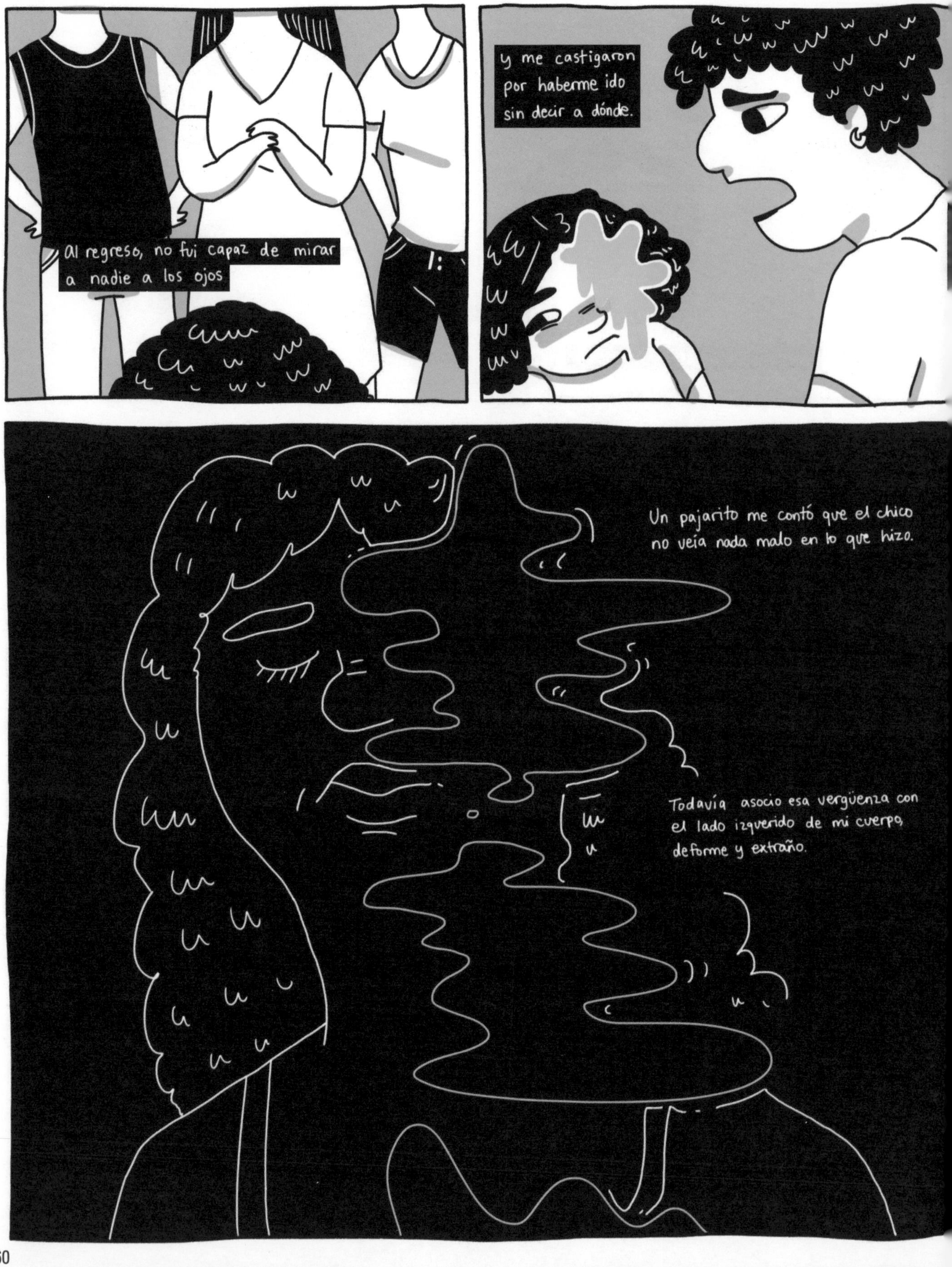
Al regreso, no fui capaz de mirar a nadie a los ojos.
y me castigaron por haberme ido sin decir a dónde.
Un pajarito me contó que el chico no veía nada malo en lo que hizo.
Todavía asocio esa vergüenza con el lado izquierido de mi cuerpo, deforme y extraño.

TRECE

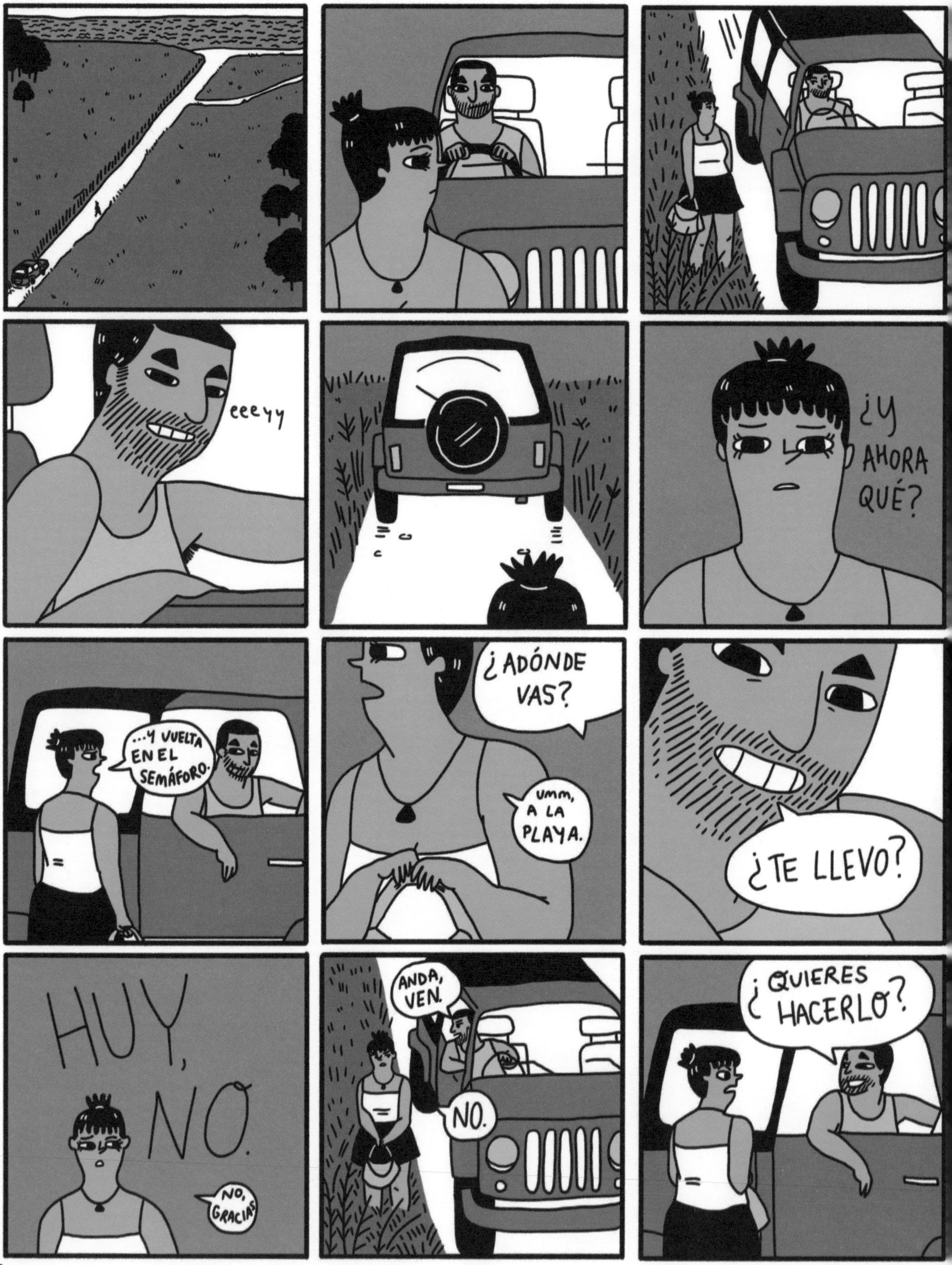
eeeyy
¿Y AHORA QUÉ?
...Y VUELTA EN EL SEMÁFORO.
¿ADÓNDE VAS?
UMM, A LA PLAYA.
¿TE LLEVO?
HUY, NO.
NO, GRACIAS
ANDA, VEN.
NO.
¿QUIERES HACERLO?

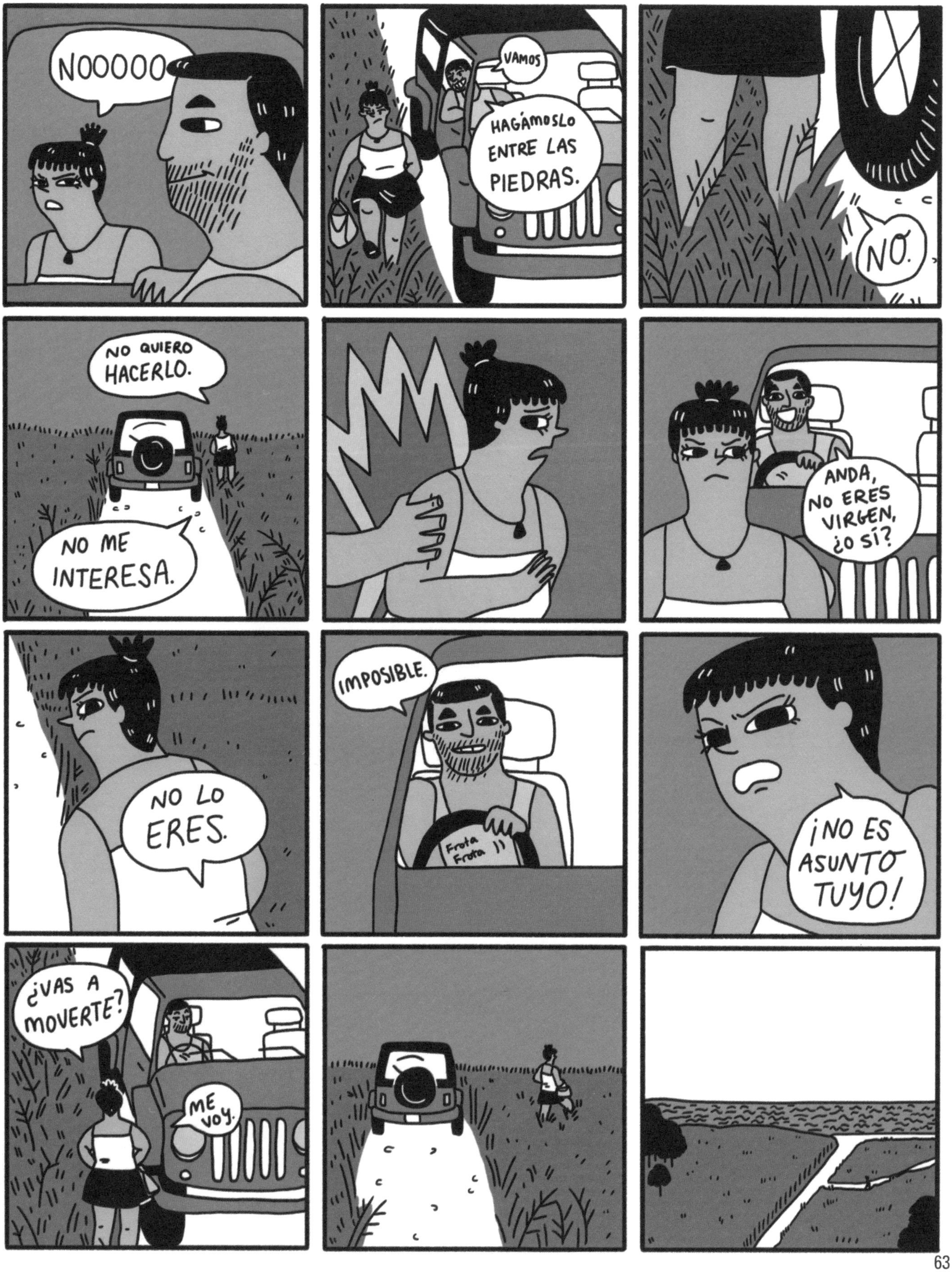
NOOOOO
VAMOS
HAGÁMOSLO ENTRE LAS PIEDRAS.
NO.
NO QUIERO HACERLO.
NO ME INTERESA.
ANDA, NO ERES VIRGEN, ¿O SÍ?
NO LO ERES.
IMPOSIBLE.
Frota Frota
¡NO ES ASUNTO TUYO!
¿VAS A MOVERTE?
ME VOY.

CATORCE

SAN FRANCISCO

¡QUÉ PEINADO, NENA!
¿CÓMO TE LO HACES?
AY, LINDA, NO SEAS ASÍ.

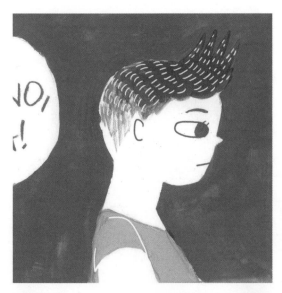

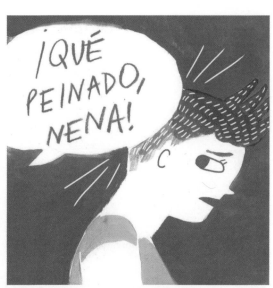

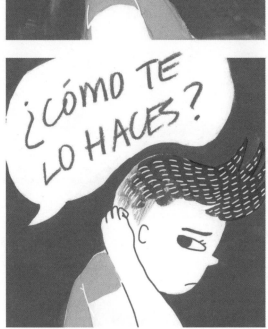

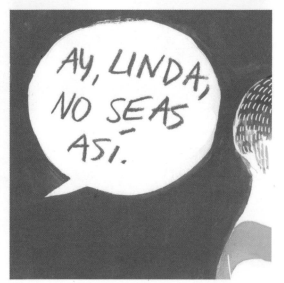

1

¡OYE!
A MI AMIGO LE GUSTA TU PELO, ¡INVÍTALO A SALIR!
¡NI VOLTEÓ A MIRARTE!
GRU ÑO NA
GRU ÑO NA
GRU
GRUÑONA
GRUÑO
GRUÑ
ÑONA
NA
RUÑ
GRUÑONA

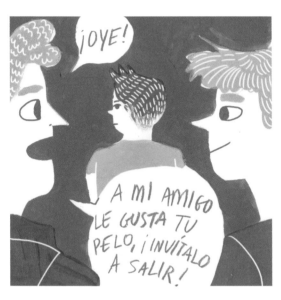

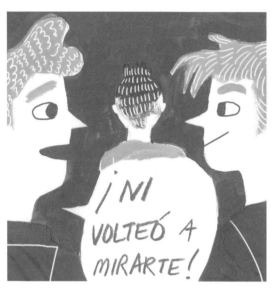

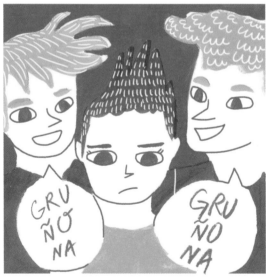

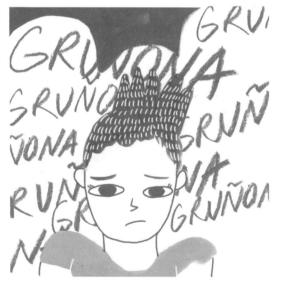

2

A QUE NADIE SE FIJA SI LA MANOSEAMOS.
PARA NADA.
JA, JA
JA, JA

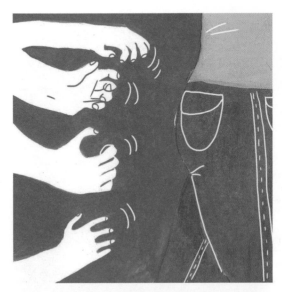

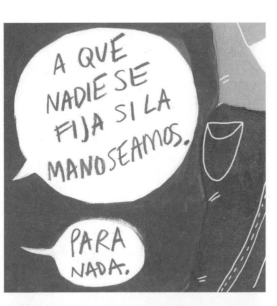

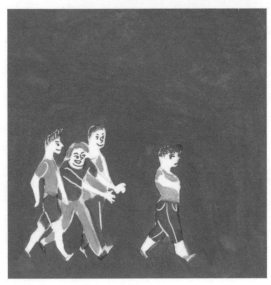

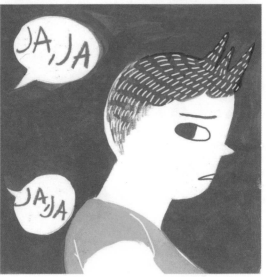

3

QUINCE

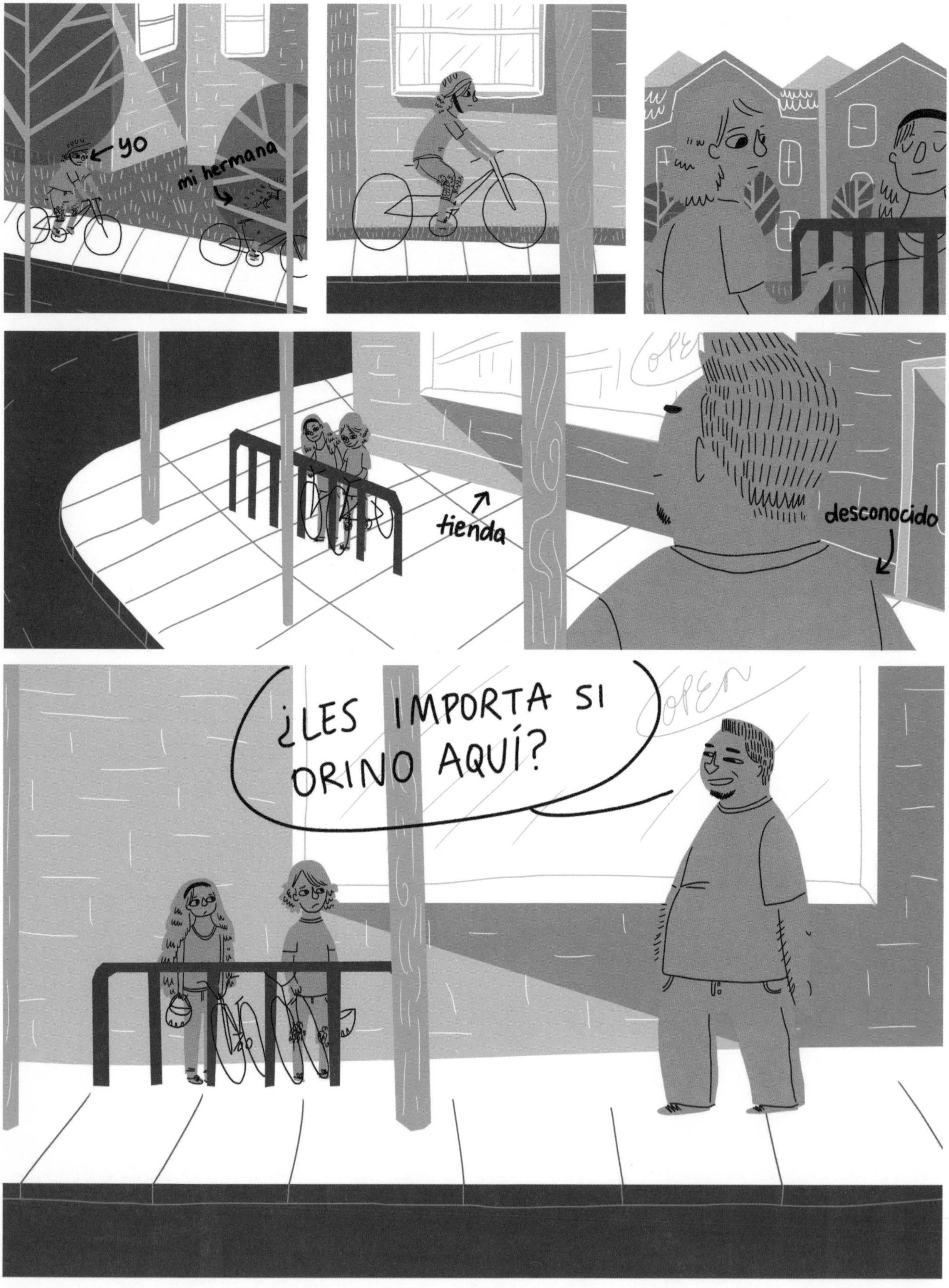
yo
mi hermana
tienda
desconocido
¿LES IMPORTA SI ORINO AQUÍ?
OPEN

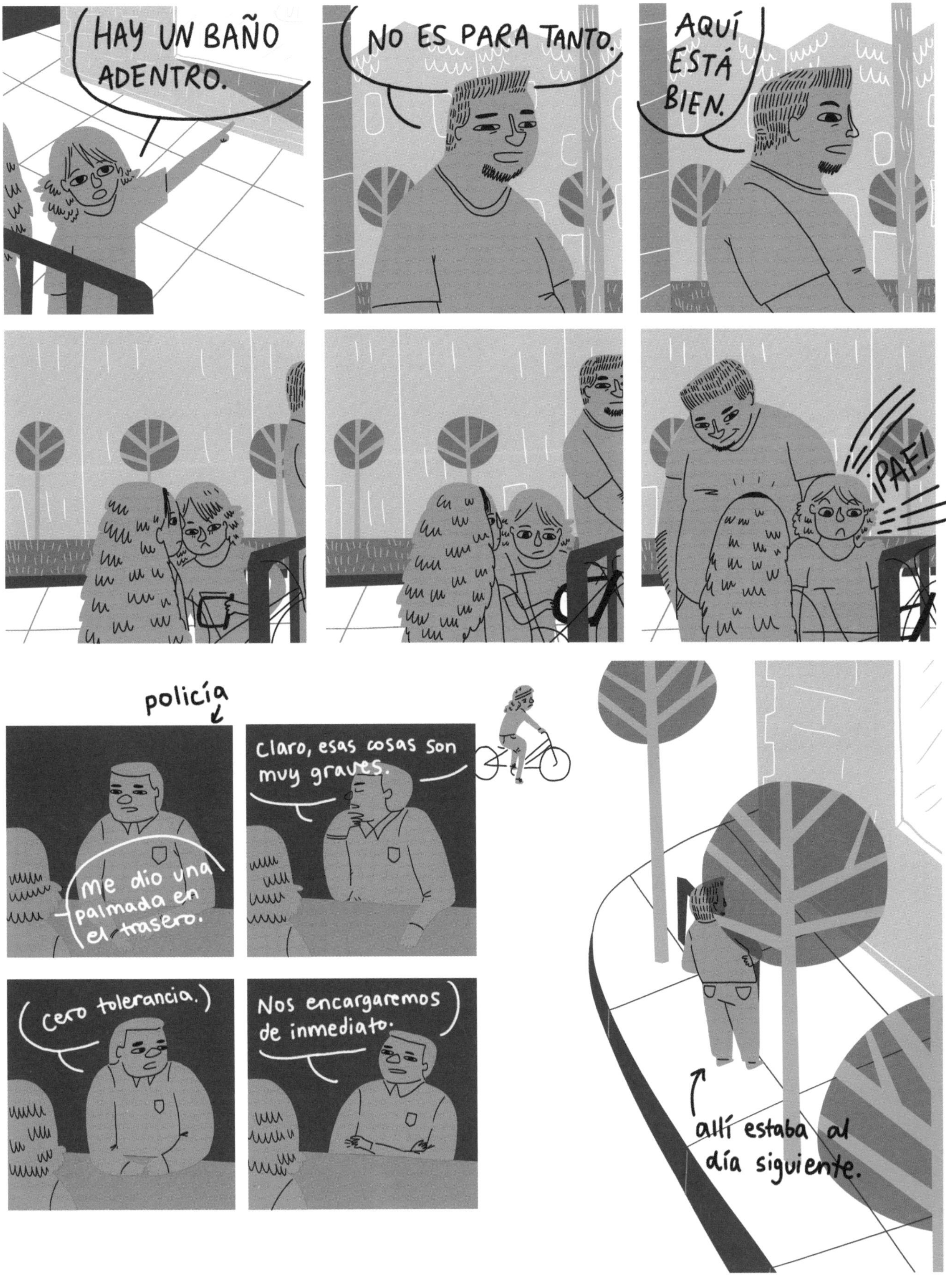
HAY UN BAÑO ADENTRO.
NO ES PARA TANTO.
AQUÍ ESTÁ BIEN.
¡PAF!
policía
Me dio una palmada en el trasero.
Claro, esas cosas son muy graves.
(cero tolerancia.)
Nos encargaremos de inmediato.
allí estaba al día siguiente.

DIECISÉIS

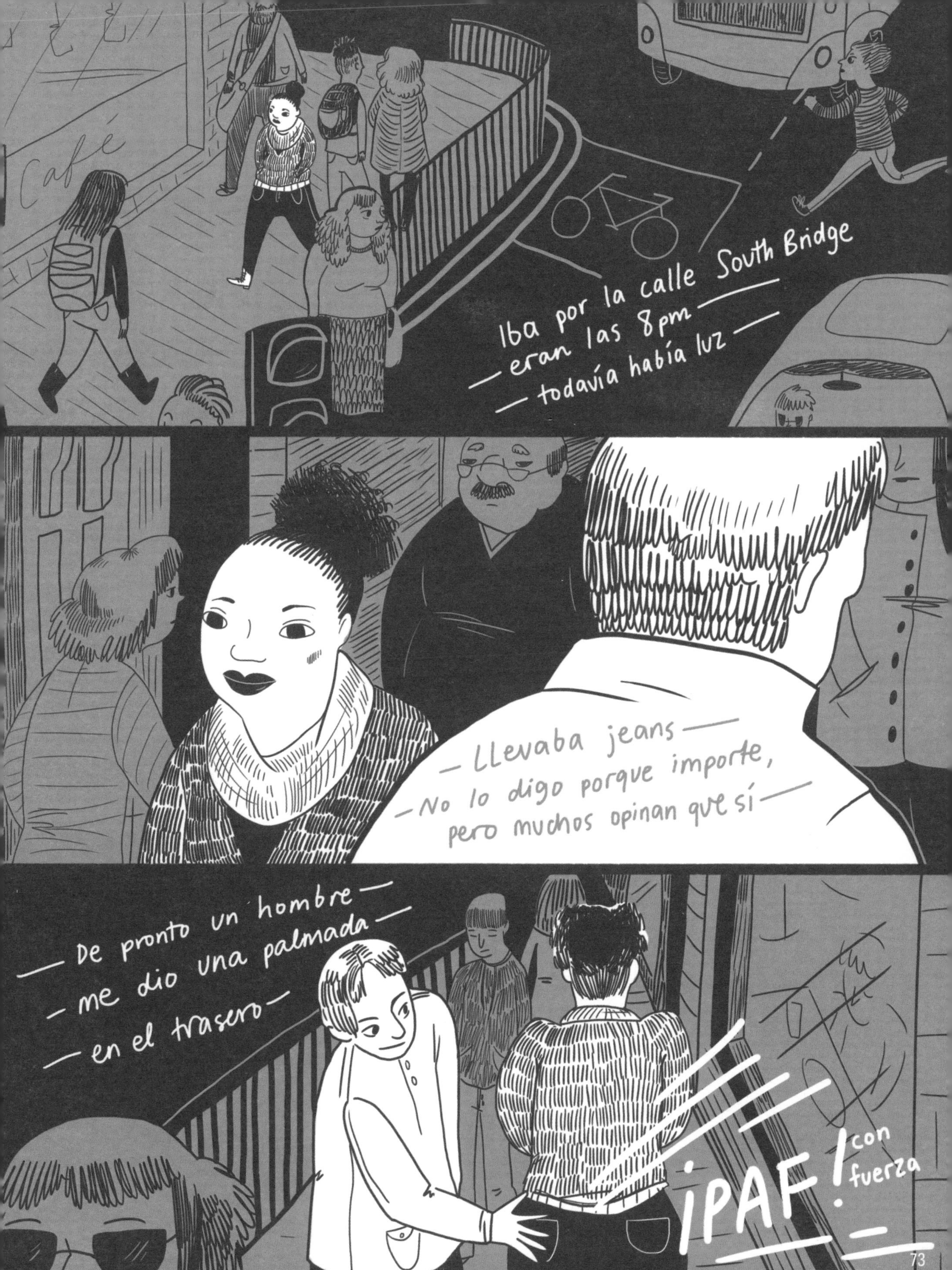
Café
Iba por la calle South Bridge
—eran las 8pm—
—todavía había luz—
—Llevaba jeans—
—No lo digo porque importe,
pero muchos opinan que sí—
—De pronto un hombre—
—me dio una palmada—
—en el trasero—
¡PAF!
con fuerza

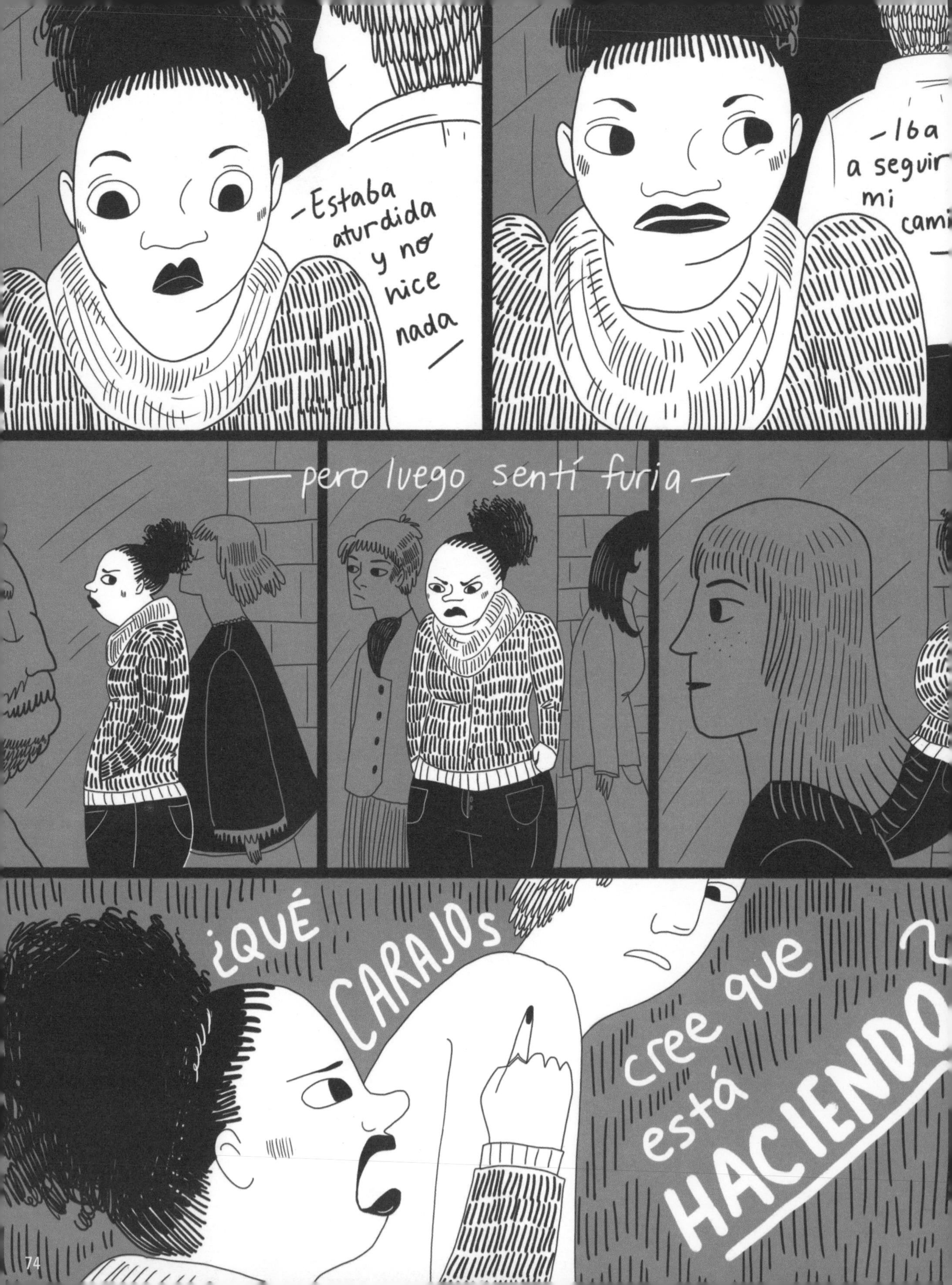
—Estaba aturdida y no hice nada
—Iba a seguir mi cami
—pero luego sentí furia—
¿QUÉ CARAJOs cree que está HACIENDO?

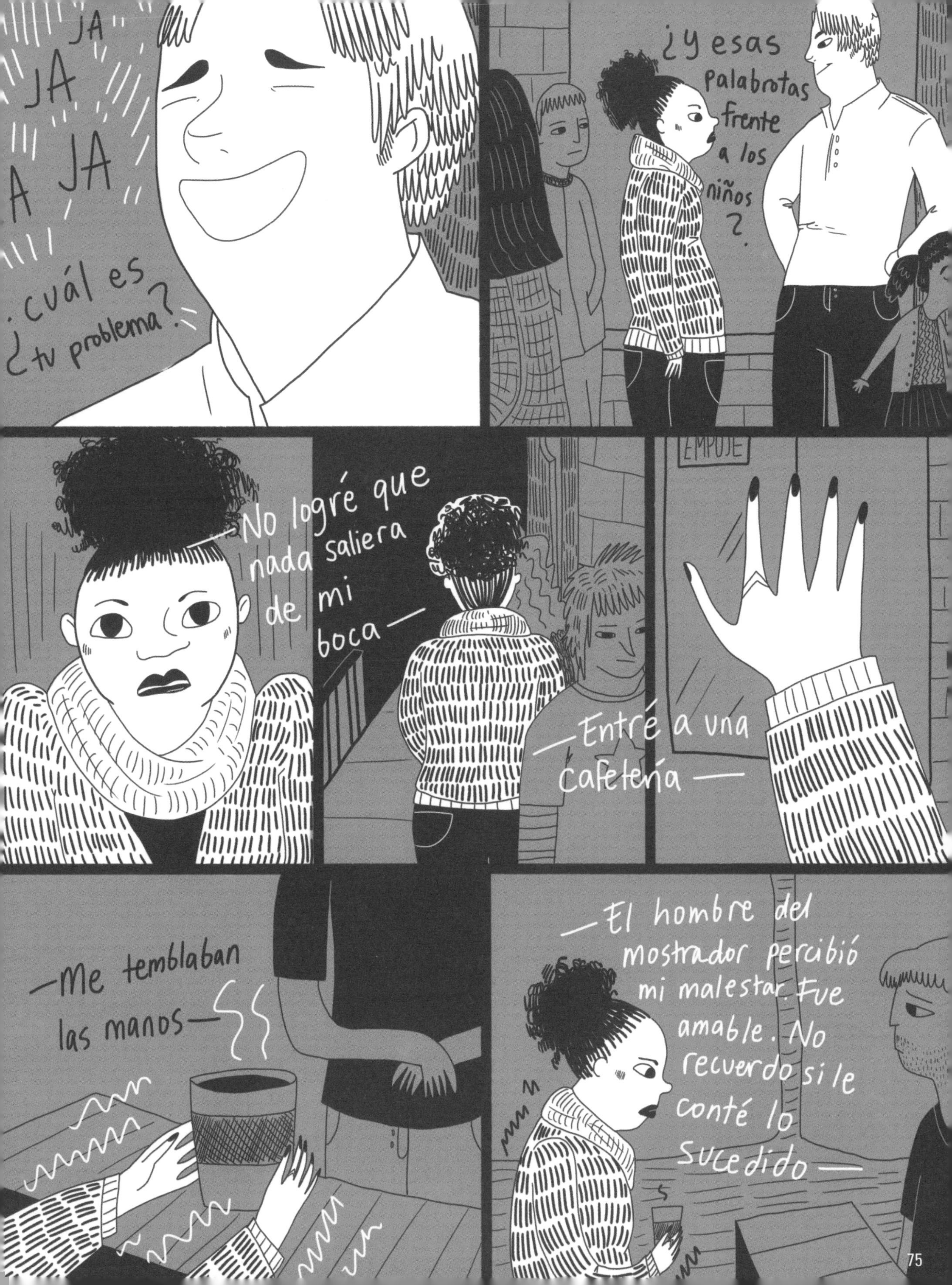
JA JA
JA JA
¿cuál es tu problema?
¿Y esas palabrotas frente a los niños?
No logré que nada saliera de mi boca—
—Entré a una cafetería—
EMPUJE
—Me temblaban las manos—
—El hombre del mostrador percibió mi malestar. Fue amable. No recuerdo si le conté lo sucedido—

DIECISIETE

ESTABA TERMINADO LA SECUNDARIA y FUIMOS A UN CAMPAMENTO DE DESPEDIDA.

HUBO TRAGOS, HUBO BESUQUEO.

ERA MI AMIGO.

TRAS UNOS ARBUSTOS, TERMINÓ SOBRE MÍ.

CON LAS MANOS BAJO MI ROPA, TOCÁNDOME

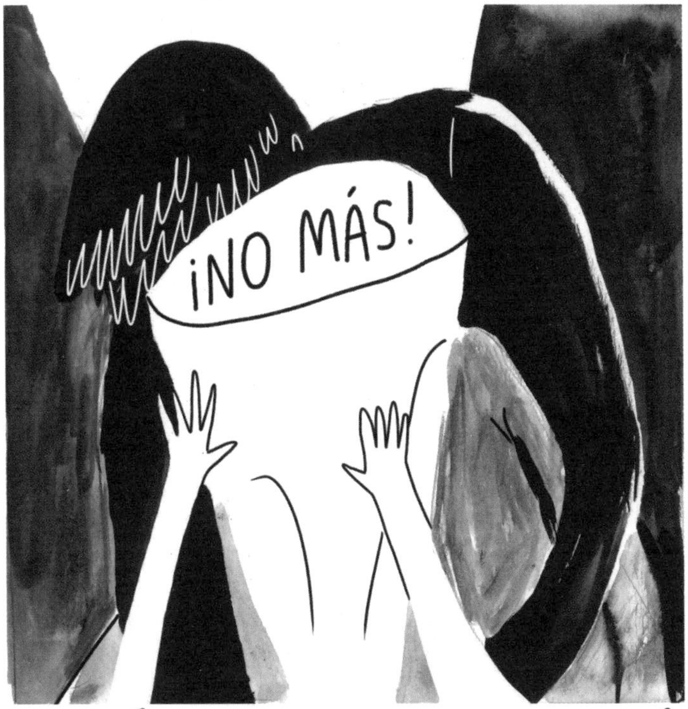
¡NO MÁS!

LE PEDÍ QUE PARARA. NO LO HIZO. YO BEBÍ MUCHO Y SU PESO ME IMPEDÍA MOVERME.

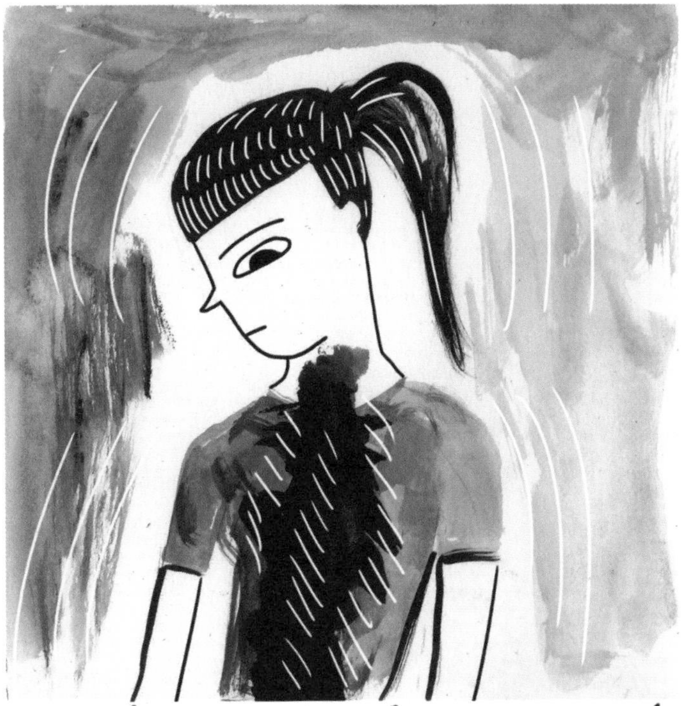

ME TOMÓ UNOS CUANTOS DÍAS ENTENDER QUÉ ESTUVO MAL.

LO LLAMÉ PARA VERNOS.

LE DIJE QUE LO QUE HABÍA HECHO ESTABA
MAL, QUE JAMÁS SE LO HICIERA A NADIE
MÁS. NO LO HE VUELTO A VER.

ESPERO QUE ME HAYA ENTENDIDO.

DIECIOCHO

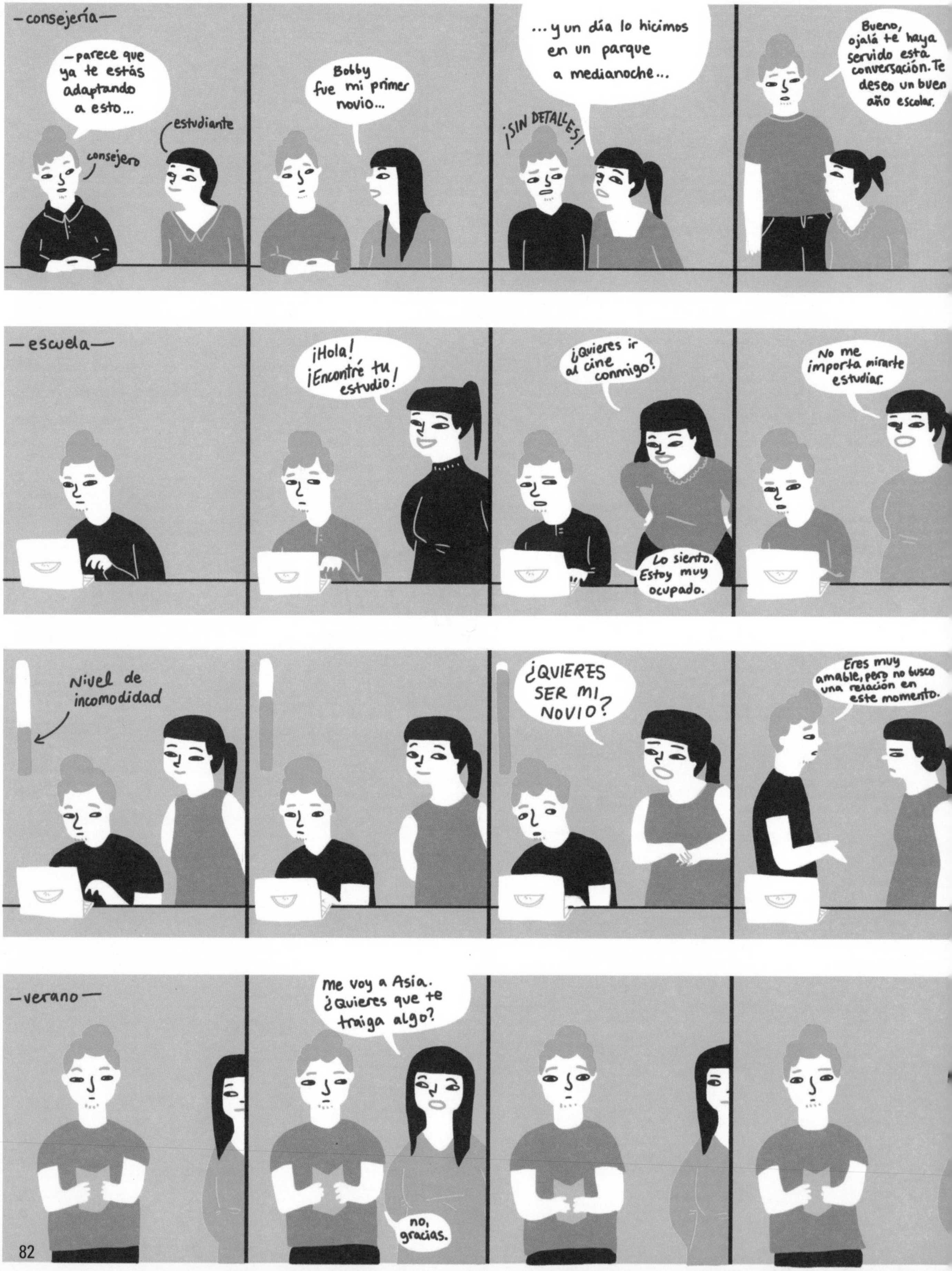
—consejería—
—parece que ya te estás adaptando a esto...
consejero
estudiante
Bobby fue mi primer novio...
...y un día lo hicimos en un parque a medianoche...
¡SIN DETALLES!
Bueno, ojalá te haya servido esta conversación. Te deseo un buen año escolar.
—escuela—
¡Hola! ¡Encontré tu estudio!
¿Quieres ir al cine conmigo?
Lo siento. Estoy muy ocupado.
No me importa mirarte estudiar.
Nivel de incomodidad
¿QUIERES SER MI NOVIO?
Eres muy amable, pero no busco una relación en este momento.
—verano—
Me voy a Asia. ¿Quieres que te traiga algo?
no, gracias.

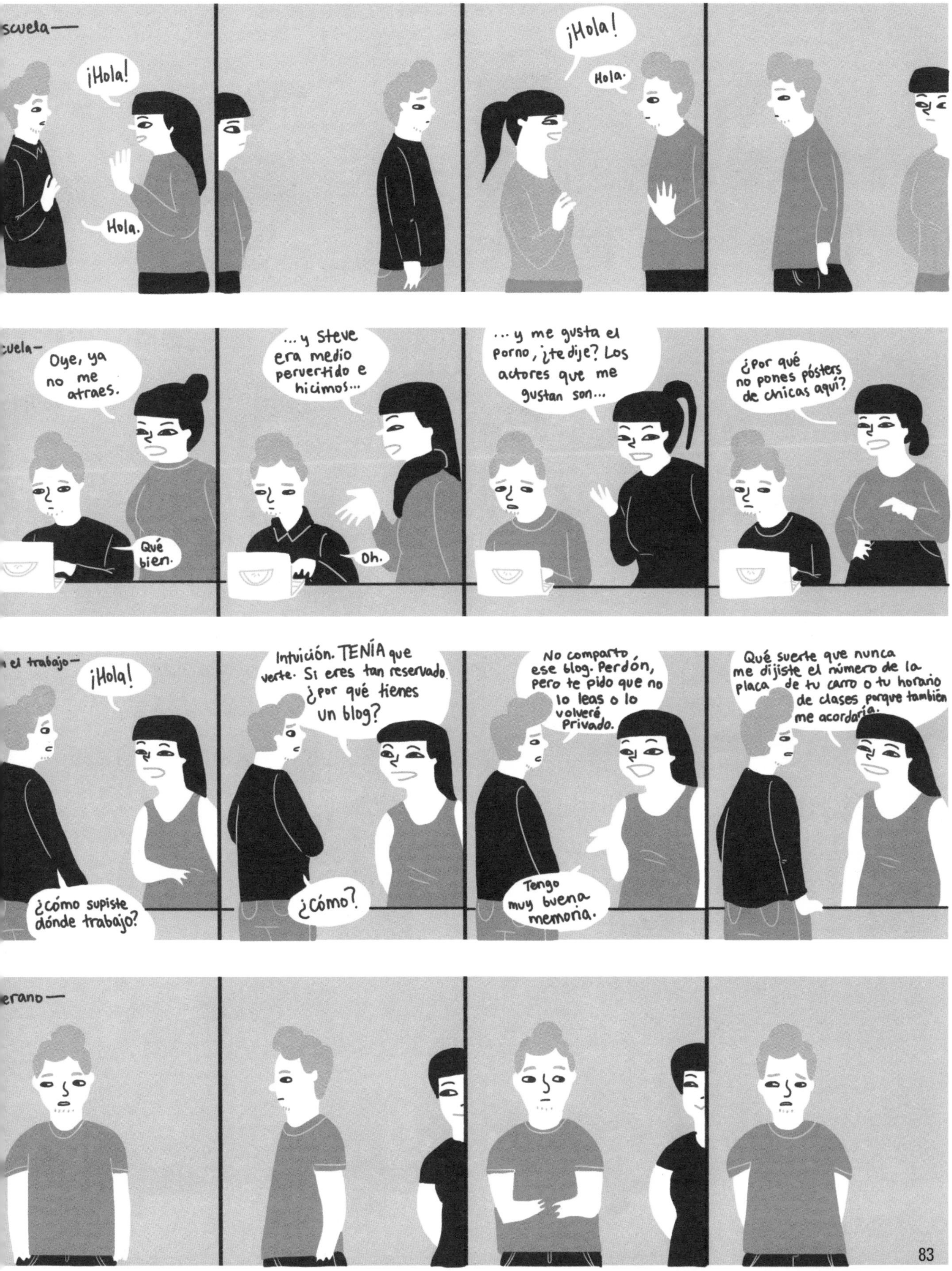
scuela—
¡Hola!
Hola.
¡Hola!
Hola.
cuela—
Oye, ya no me atraes.
Qué bien.
...y Steve era medio pervertido e hicimos...
Oh.
...y me gusta el porno, ¿te dije? Los actores que me gustan son...
¿Por qué no pones pósters de chicas aquí?
el trabajo—
¡Hola!
¿Cómo supiste dónde trabajo?
Intuición. TENÍA que verte. Si eres tan reservado ¿por qué tienes un blog?
¿Cómo?
No comparto ese blog. Perdón, pero te pido que no lo leas o lo volveré privado.
Tengo muy buena memoria.
Qué suerte que nunca me dijiste el número de la placa de tu carro o tu horario de clases porque también me acordaría.
erano—

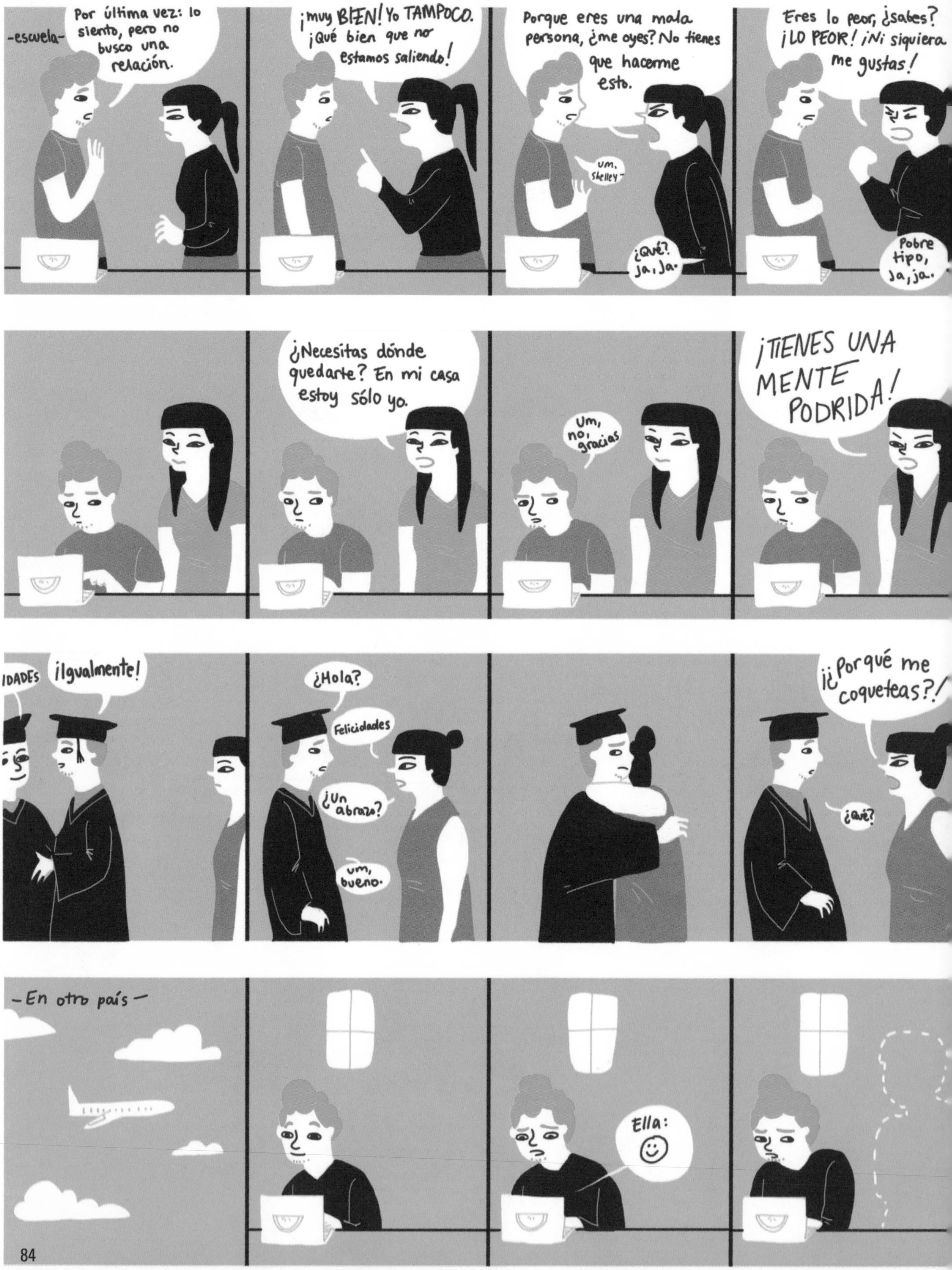
-escuela-
Por última vez: lo siento, pero no busco una relación.
¡muy BIEN! Yo TAMPOCO. ¡Qué bien que no estamos saliendo!
Porque eres una mala persona, ¿me oyes? No tienes que hacerme esto.
um, Shelley-
¿Qué? Ja, ja.
Eres lo peor, ¿sabes? ¡LO PEOR! ¡Ni siquiera me gustas!
Pobre tipo, Ja, ja.
¿Necesitas dónde quedarte? En mi casa estoy sólo yo.
Um, no, gracias
¡TIENES UNA MENTE PODRIDA!
IDADES
¡Igualmente!
¿Hola?
Felicidades
¿Un abrazo?
um, bueno.
¡¿Porqué me coqueteas?!
¿qué?
-En otro país-
Ella: ☺

DIECINUEVE

85

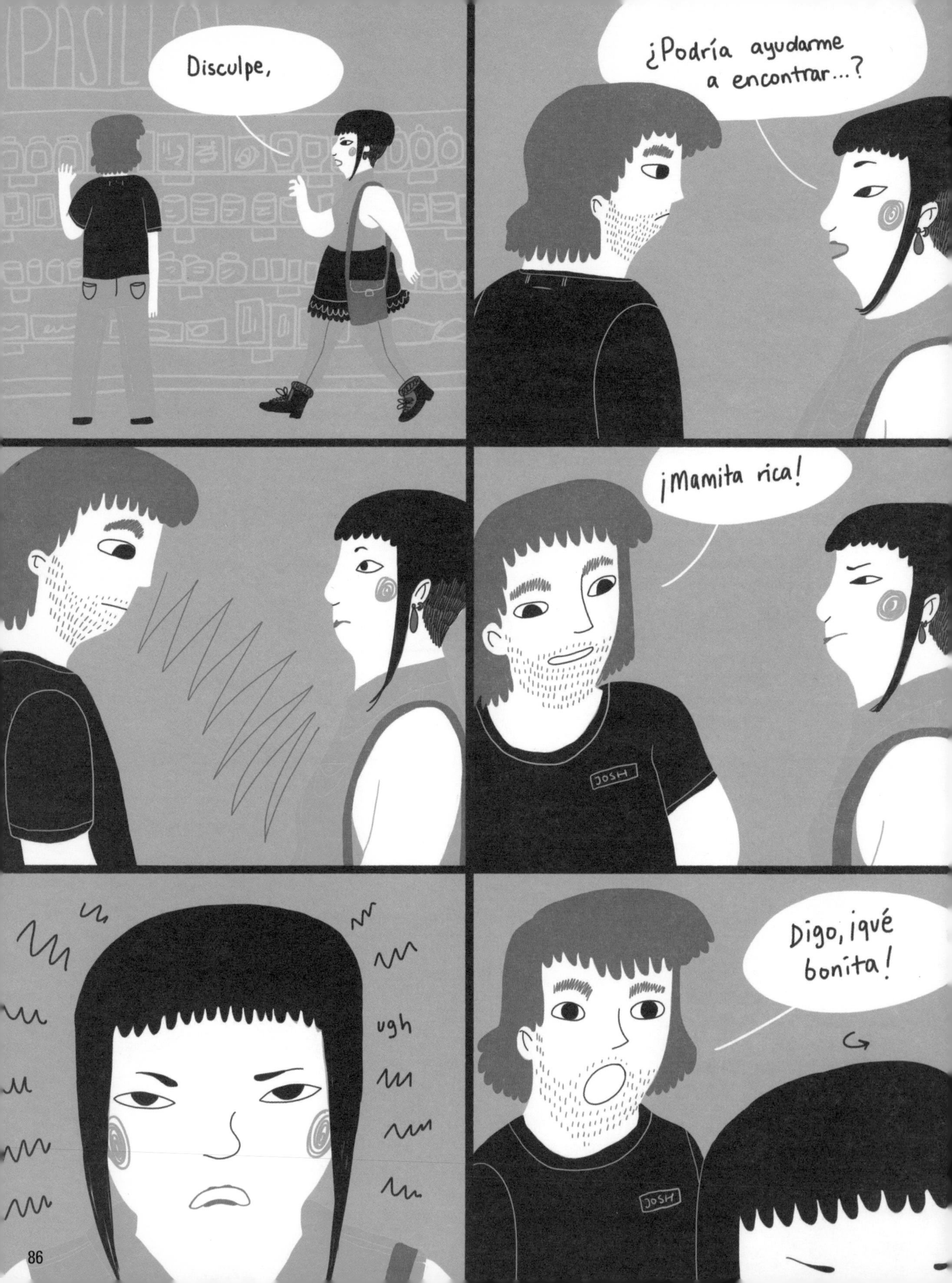
PASILLO
Disculpe,
¿Podría ayudarme a encontrar...?
¡Mamita rica!
JOSH
ugh
Digo, ¡qué bonita!
JOSH

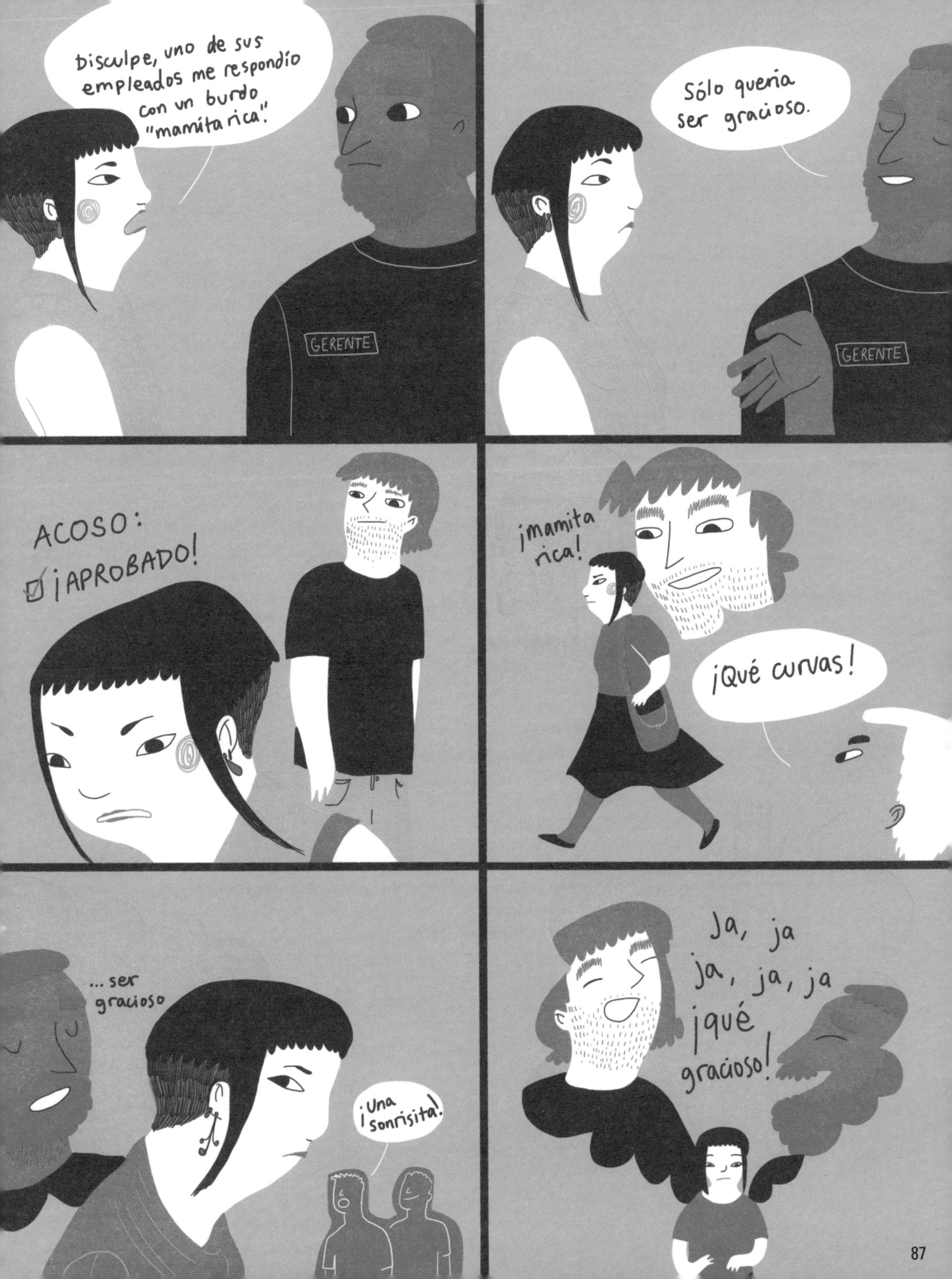
Disculpe, uno de sus empleados me respondío con un burdo "mamita rica".
GERENTE
Sólo quería ser gracioso.
GERENTE
ACOSO:
☑ ¡APROBADO!
¡mamita rica!
¡Qué curvas!
...ser gracioso
¡Una sonrisita!
Ja, ja ja, ja, ja ¡qué gracioso!

VEINTE

Me violó
una exnovia.

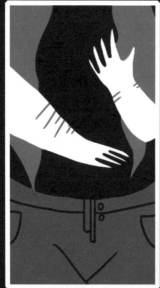

Las amenazas
(e intentos) de
suicidio eran
parte de su
patrón de abuso
para presionarme.

Una semana
depués de
separarnos, entró
a mi casa
mientras dormía.

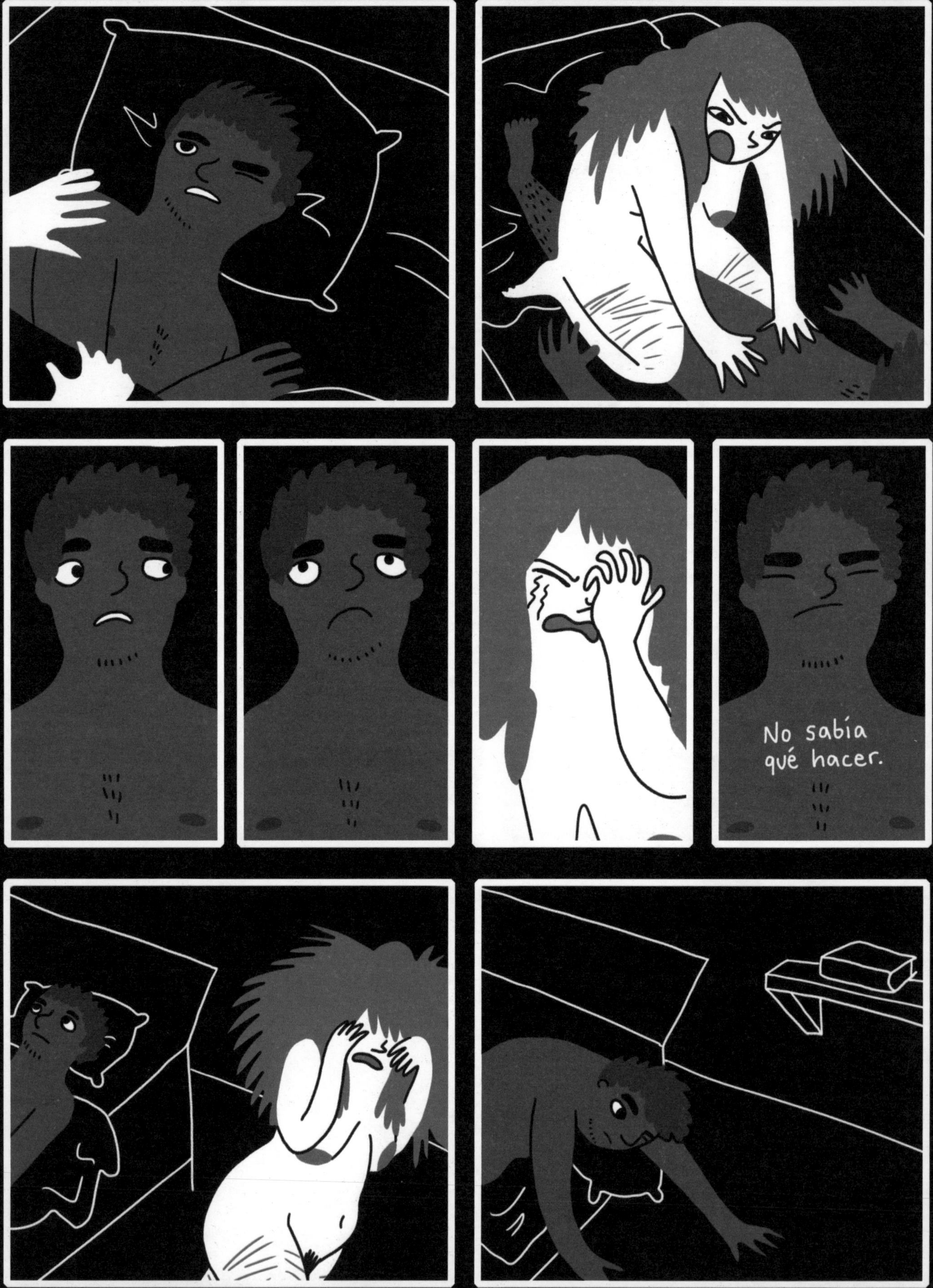
No sabía
qué hacer.

AAAEEAOEEKAE
Pasó varias horas en el baño, chillando e hiriéndose.
EAAAKEEA

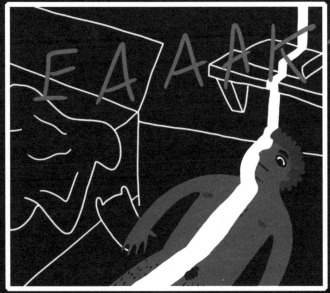

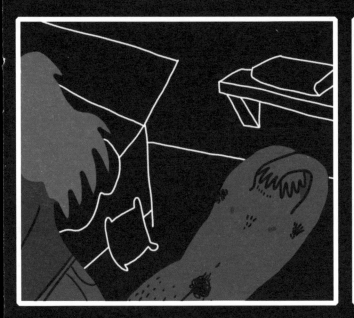

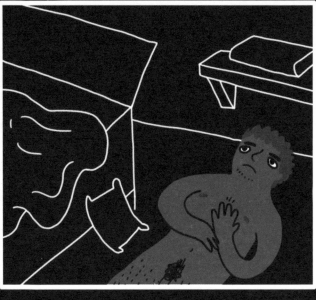

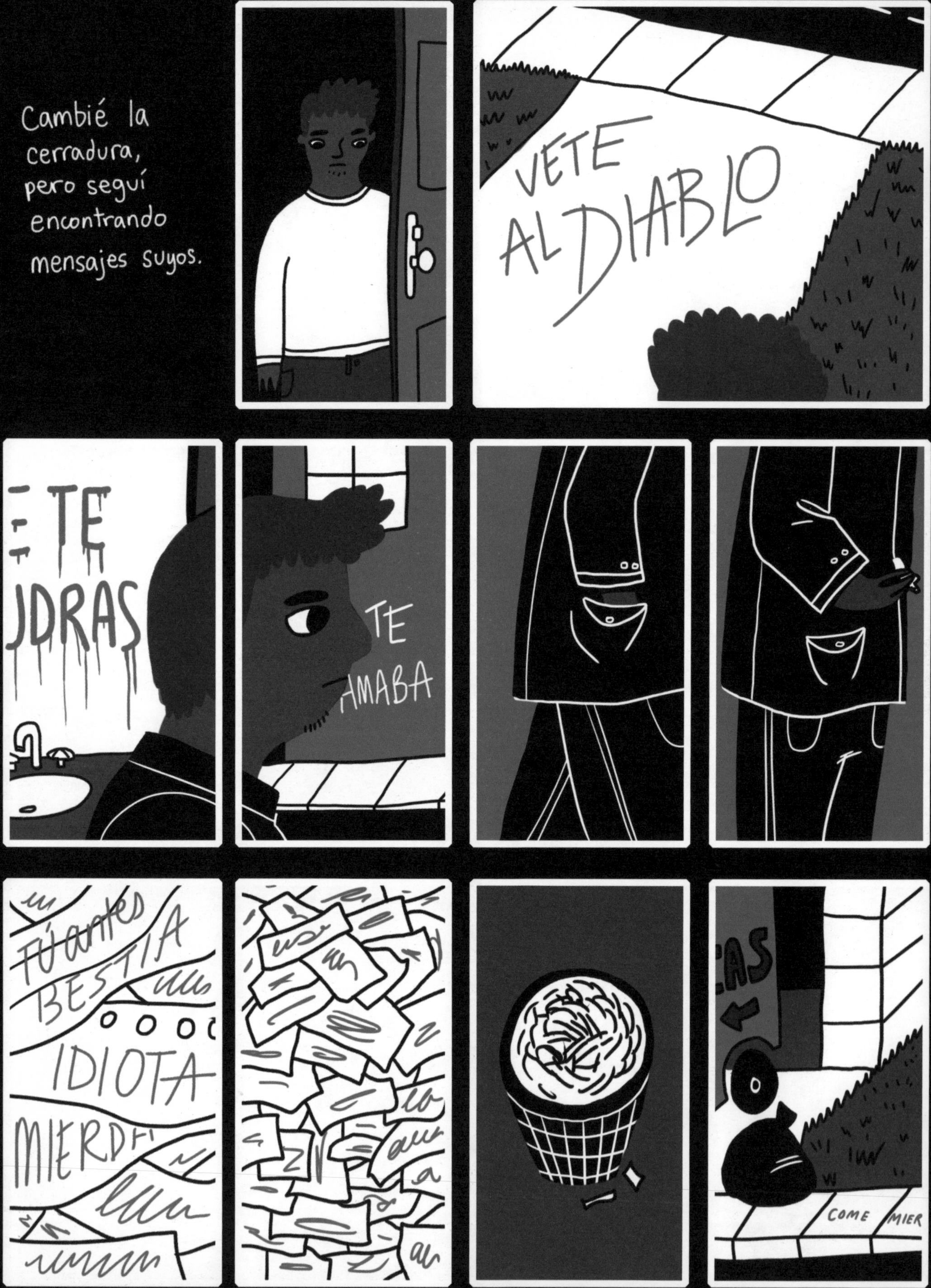
Cambié la cerradura, pero seguí encontrando mensajes suyos.
VETE AL DIABLO
TE
DRAS
TE
AMABA
Tú antes
BESTIA
IDIOTA
MIERD
COME
MIER

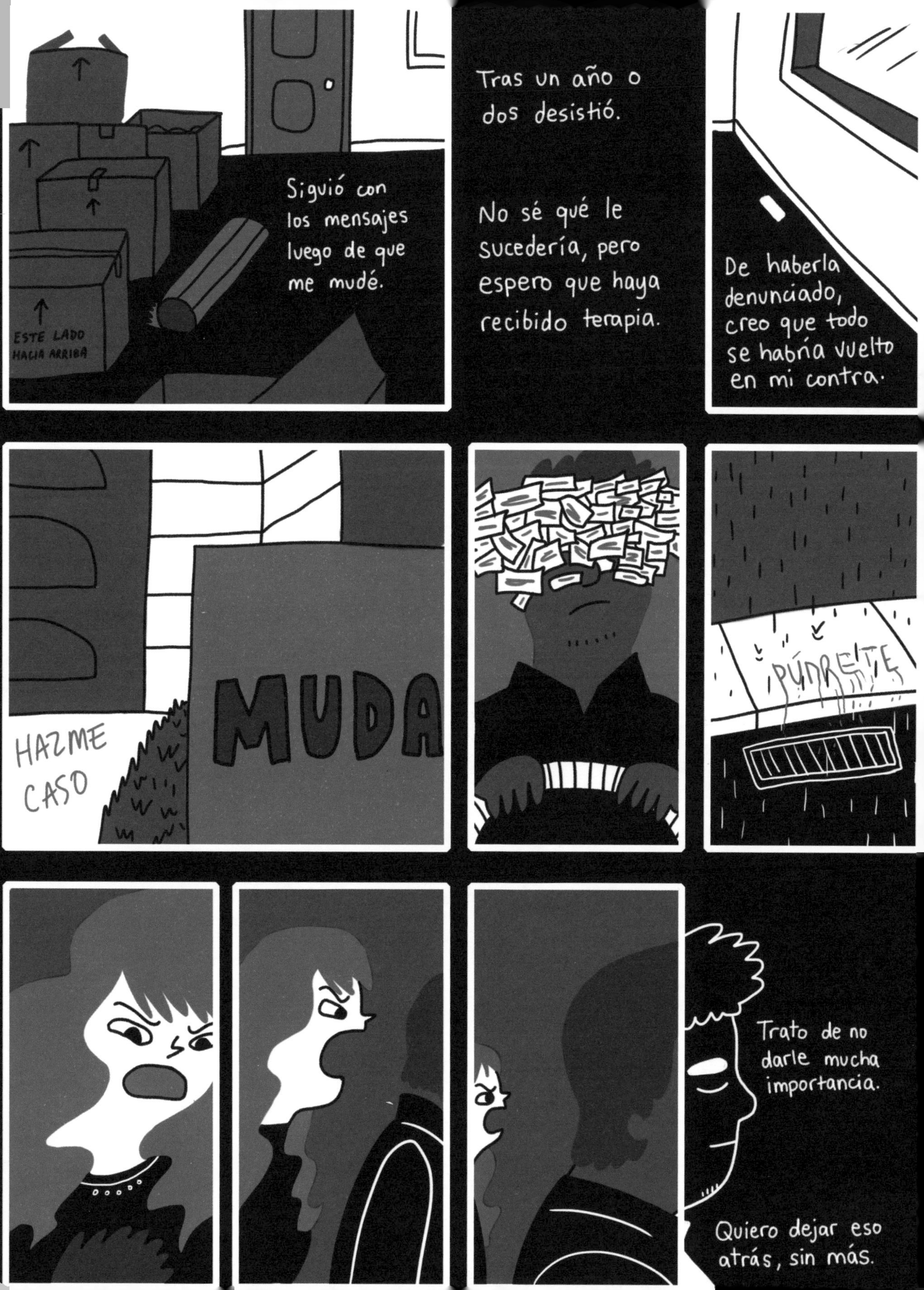
ESTE LADO HACIA ARRIBA
Siguió con los mensajes luego de que me mudé.
Tras un año o dos desistió.
No sé qué le sucedería, pero espero que haya recibido terapia.
De haberla denunciado, creo que todo se habría vuelto en mi contra.
HAZME CASO
MUDA
PÚDRETE
Trato de no darle mucha importancia.
Quiero dejar eso atrás, sin más.

NOTAS

Las historias contenidas en este libro fueron enviadas en forma anónima y recopiladas en línea; algunas a través de entrevistas. El proceso fue una conversación constante para compartir experiencias, siempre con un "eso me pasó también a mí". Resulta descorazonador que historias semejantes sean tan comunes, pero a la vez invita a abrigar esperanzas de que, al compartirlas, ayudemos a las víctimas a superar lo sucedido y a crear una sociedad que no tolere la violencia sexual.

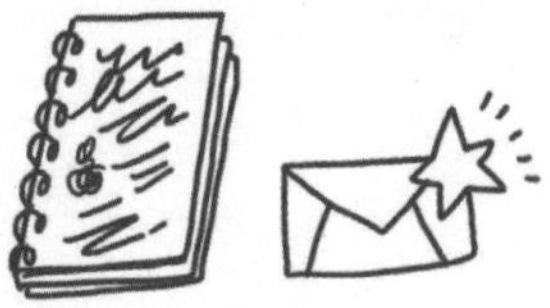

ESCUCHA

Escucha con atención lo que cuentan las víctimas. Suele ser difícil hablar de estos temas, así que ten paciencia y sé receptivo. No subestimes sus experiencias. La mayoría de las veces, nadie escucha sus historias y muy pocos las creen, por lo cual dejan de hablar y denunciar. Las víctimas deben sentirse seguras y a salvo para poder compartir sus experiencias, ya sea para obtener consuelo o justicia, y esa seguridad se da paso a paso, persona por persona.

APOYA

Apoya a las víctimas de la manera que les parezca más adecuada. Puede ser hablando del tema o evitándolo, porque aún no están listas para abordarlo. Ten la delicadeza de evitar cualquier cosa que pueda evocar sus experiencias. Esto se aplica en las relaciones personales con individuos y con la gente en general, sobre todo a través de internet. Pregunta qué puedes hacer para ayudar.

MÁNTEN EL OJO ALERTA

Presta atención a los indicios de situaciones difíciles o potencialmente peligrosas: un celoso que aísla a su pareja, un desconocido que trata de entablar conversación con una chica que no parece estar interesada. Vigila las circunstancias en las que alguien parece no entender cuando le dicen "no".

INTERRUMPE

Hay que intervenir cuando sea necesario. Si callamos cuando lastiman a otros, les damos a entender a los que atacan que sus acciones son válidas. Esto se aplica no sólo a las situaciones peligrosas sino también a las pequeñas cosas. Muy a menudo, una persona conoce a su atacante. Cuando una persona cercana a ti dice algo sexista o bromea sobre un abuso sexual, interrúmpela y habla del tema.

BUSCA APOYO

Como víctima, mereces recuperar la paz interior. No temas buscar apoyo: hay redes que pueden ayudarte. Las líneas telefónicas de ayuda y los centros de atención contra el abuso sexual cuentan con profesionales capacitados que entienden por lo que has pasado. Incluso si aún no quieres hablar del asunto, a tu alrededor hay personas como amigos, terapeutas o amigos que aún no has conocido, que pueden apoyarte de la manera más adecuada para tu caso.

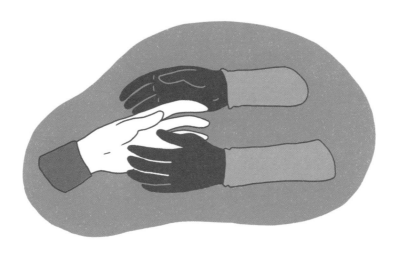

Sólo es un piropo. Un libro sobre el acoso

Título original: *Take it as a Compliment*

© 2016 Maria Stoian

Originalmente publicado en Reino Unido y Estados Unidos de América en 2016 por Singing Dragon
un sello de Jessica Kingsley Publishers Ltd.
73 Collier Street, Londres, N1 9BE, Reino Unido
www.jkp.com

Traducción: Mercedes Guhl

D.R. © Editorial Océano, S.L.
Milanesat 21-23, Edificio Océano
08017 Barcelona, España
www.oceano.com

D.R. © Editorial Océano de México, S.A. de C.V.
Eugenio Sue 55, Polanco Chapultepec
Miguel Hidalgo, 11560, Ciudad de México
www.oceano.mx

Primera edición: 2017

ISBN: 978-607-527-218-4

IMPRESO EN MÉXICO / *PRINTED IN MEXICO*

GRACIAS

A todos los que compartieron sus historias con franqueza para este proyecto. Merecen hacerse oír.

Sólo es un piropo. Un libro sobre el acoso
se terminó de imprimir en abril de 2017
en los talleres de Impregráfica Digital, S.A. de C.V.,
Calle España 385, Col. San Nicolás Tolentino,
C.P. 09850, Iztapalapa, Ciudad de México.